千寻 与世界相遇

千 寻
Neverend

选题策划　张秀敏
项目编辑　张秀敏
版权编辑　张烨洲
装帧设计　木
内文排版　史明明
责任印制　盛　杰
营销编辑　王雪雪

The Philosophy
Book for
Beginners

问世界
给少年的哲学入门书

［美］莎伦·凯 —————— 著
［西］贝亚·克雷斯波 —————— 绘
马志娟 —————— 译

晨光出版社

前言
Introduction

亲爱的读者：

　　谢谢你打开这本书。它带给你一个重要的信息：到此时此刻，你的人生不过是一场梦。你所有的记忆都是假的，你的四周空无一物。并且，你自己的身体也是一种幻象。你不知道自己到底是谁，也不知道自己在哪。无论如何，该是你完成自己使命的时候了——好吧，我只是在跟你开玩笑！

　　……又或者这不是一个玩笑。我刚才描述的情形可能是真的。尽管这种说法听起来有点无厘头，但细想，它提出了一些深层次的重要问题：什么是真实的存在？我如何知道？我的人生是否早已注定？我是谁？我应该做什么？

　　如果你也曾严肃思考过这些问题，那你就是一个哲学家，但不是唯一一个。

什么是哲学？

哲学这个词源于古希腊语，意为"爱智慧"。从人类开始对世界产生好奇，并试图用理论来解释经验之时起，哲学家就出现了。在古希腊的黄金时期，哲学变得兴盛，则是得益于一位伟大的哲学家的思想，他就是苏格拉底。

苏格拉底生活在公元前五世纪的雅典。他为雅典成为世界上第一个民主城邦感到自豪，但他也为这样的新式政府的脆弱感到不安。如果城邦的人民想实行自治，就需要智慧。

苏格拉底向教师、律师、政治家、祭司以及雅典的其他权威发问，发现他们并不像自己声称的那样有智慧。实际上，他们更感兴趣的是显得有智慧，而不是真的明智。（听起来是不是有点熟悉？）苏格拉底无奈得出结论：他自己之所以能成为雅典最有智慧的人，只是因为他愿意承认自己不够有智慧。

雅典的青年人把苏格拉底当作摇滚明星来推崇，因为他指出了社会权威的无能。出于报复，当权者逮捕了苏格拉底，理由是他腐化青年人，并且没有信仰正确的神。审判时，陪审团判决他有罪。尽管他的朋友们伸出援手要帮他逃走，但苏格拉底坚持舍身就义。

幸运的是，这一试图扼杀哲学的企图适得其反。苏格拉底被执行死刑后，他的追随者群情激愤，随后创办了柏拉图学园。在那里，不管男女都可以提问、提出假设和辩论。柏拉图学园是人类历史上第一所学校，意味着人类开始追求智慧。

为什么是哲学？

柏拉图学园创办至今已有两千多年。虽然人类社会已经取得长足进步（考虑到我们已经正式废除奴隶制），但我们还有很长的路要走（奴隶制仍然以非官方的形式存在）。哲学至少在以下这三个方面能有所贡献：

哲学提供了一个共同基础。我们生活在一个全球化的社会，不同文化的人在一起工作和生活。我们不能期待人们在"信什么神""生活的意义是什么"这样的问题上达成一致，但我们都追求智慧。就像苏格拉底那样，成为一个智者是从承认自己知之甚少开始的。这一点正是人们在追寻真理的过程中,能够欣赏多元的观点并团结在一起的坚实基础。

哲学帮助我们表达最深层次的信仰。苏格拉底不是唯一一位被迫害的哲学家。很遗憾,本书提及的很多哲学家都因直言不讳而受到过审查、惩罚、迫害,甚至被杀害。社会总是试图让我们缄口不言,但我们一定不能沉默。能引起你共鸣的哲学家会帮你发展出自己的哲学,并发出自己的声音。

哲学促进聆听。审判时,苏格拉底说了一句流传后世的名言:"未经审视的人生是不值得过的。"一旦你意识到审视自己的人生是多么艰难,你就会好奇其他人是如何做的。通过辩论一些大问题,你能成为一个可敬的对手。在武术里,我们通常会感谢对手,因为他们的挑战让我们变得更强大,哲学如同此理。

随着科技的快速发展,我们弹指间就可以拯救或摧毁人类。驾驭这种力量需要民主合作。苏格拉底的使命是通过哲学来夯实民主。现在,这一任务比过去任何一个时期都更重要。

如何使用这本书？

传统上，哲学分为四个分支：

形而上学：研究现实世界（什么是真的？）

认识论：研究知识（我们能知道什么？）

价值论：研究价值，包括道德（我们要如何生活？）和美学（何为美？）

逻辑：研究推理（我们如何更好地论证？）

大多数哲学问题即使没有涉及以上全部分支，也会涉及不止一个分支。比如，自由意志到底是真实存在还是一种幻想，属于形而上学问题，但它可能也促使你去想：我们如何判断这是幻想——这又属于认识论问题。另外，有人可能提出自由意志是真的，因为道德需要它——这又把我们带到伦理层面。最终，所有的哲学讨论都必须合理——这又取决于逻辑学的规则。

这本书将重点讨论全世界在前三个领域的重大思想发现。逻辑学最好单独学习，因为它更像一种技能而不是思想。当然，我们也会提及一些特别重要的逻辑规则。同样，请大家记住，哲学不是宗教。虽然这两个学科都与神、信仰和生活的意义有关，但宗教预设了信仰的存在，而哲学对此提出质疑。

每一章的结尾都有一个思想实验，会通过一个假设的场景来探究理论的意义。科学家在实验室测试物质，哲学家运用想象来检验思想。思想实验不必是真实的，也能达到目的。阿尔伯特·爱因斯坦在十六岁的时候想象：如果以光速来追一束光，那这束光看起来是什么样子的？这个思想实验衍生了相对论。你可以用每一章结尾的思想实验来挑战一些古老的假设，看看能否找到新的思考角度。

今天广为人知的两大哲学流派分别是斯多葛主义和存在主义。前者相信，智慧意味着与宇宙和谐共处，对欢愉和痛苦超然；后者相信，智慧意味着真实的生活，承担自由选择的责任和后果。这两种截然不同的哲学流派可以在世界各地的各种各样的思想中找到源头。理解这些思想以及哲学要义，需要研究对人类历史产生过重大影响的哲学家。

本书浓墨重彩描述的人物都是天才中的精英，他们都在先人的基础上做出了自己的贡献，进而推动人类不断进步。但除非你本人进入到故事里面来，否则了解他们的贡献毫无意义。那么，你能从这些伟大的哲学家那里获得哪些深刻的见解呢？

Sapere aude! 这句著名的哲学箴言的意思是："敢于求知！"愿这本书成为你构建自己人生哲学的媒介。站在巨人的肩膀上，你可能走得比你想象的更远。

Contents 目录

1 形而上学
1. 什么是真实的存在? 3
2. 我是谁? 17
3. 我能自由选择吗? 29

2 认识论
4. 我们能认识这个世界吗? 45
5. 何以为真? 59
6. 科学真的是客观的吗? 75

3 价值论
7. 什么构成了美好人生? 95
8. 我如何分辨对错? 109
9. 我能回馈给这个世界什么? 123
10. 什么使社会公正? 135
11. 何为美? 149
12. 何为艺术? 161

参考文献 174
索引 176

PART

形而上学
Metaphysics

形而上学是哲学的一个分支，是关于真实的理论。好的哲学家不会为了惊世骇俗而编造离谱的观点。对于生活中的重大问题，他们会探寻不同的可能性，努力寻求合理的解释。

在我小时候，我和好朋友非常喜欢躺在草地上，看着一团团松软的白云漂浮在蓝色的天空。有一天，我突然想到，我的好朋友看见的云可能是红色的。虽然我们受的教育告诉我们云朵是"白色的"，但这不意味着我们看见的是同一种颜色。我们自认为看见的所有颜色都可能是不准确的。从那一天开始，我变得对其他人所见与我所见是否相同这样的问题非常感兴趣。

你认为生活中最重要的命题是什么？在接下来的几章里，你会读到几位哲学家对这个问题的回答，请做好笔记，并且自问一下，他们的回答有道理吗？

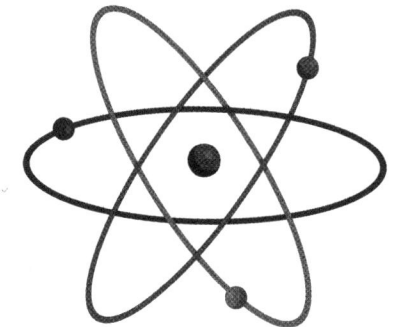

chapter 1

什么是真实的存在？
What is Truly Real?

我们通过物理学了解到宇宙是由原子组成的。我们还拍下了这些神奇的小东西，发现它们是真实存在的。对物理学家来说，故事到此就结束了。

对哲学家来说，原子只是故事的开始，它们的存在引发了一系列新的问题：这些原子从哪来？它们是如何成为今天这个样子的？它们如何构成复杂的存在，比如你和我？复杂的存在物完全是由原子决定的吗，还是有其他东西的影响？如果有，原子之外是什么？即使我们假定原子是真的，那它们就是真实的存在吗？

追问人类生活可能会把我们引向对物理世界的探寻。

阿迪·商羯罗——业力

你是否曾问过自己：为什么我会降生在此人世间，而不是其他地方？为什么我会拥有这副躯体？为什么他们会成为我的父母？为什么我生活在这里，而不是一个更好的地方？为什么我不能像别人那样更聪明、更强壮、更富有或者更美丽？决定我现在人生境况的只是某种偶然性吗？

根据印度教的教义，你的人生境遇不是偶然的，而是由业力决定的。业力是大自然的法则，它奖善惩恶。例如，如果你这个星期有善举，下个星期你就可能交到新朋友；如果你今天伤害了别人，明天你就可能会生病。

既然我们今生的际遇很大程度在出生时就被决定了，印度教徒便认为我们有过前世。因果业力会确保每个人在后世各得其所。这就解释了我们在生活中为何会看到种种不公，也让我们有动力过好今世，这样我们的下一个人生轮回就会过上更好的生活。

认为人类拥有不朽的灵魂，并且灵魂可以在不同的身体里接续的观点，被称为轮回转世。由此产生一个问题：我们到底必须做些什么，才能改善我们的人生境况？

生活在八世纪的印度哲学家阿迪·商羯罗相信，专注于现实世界会导致人们在因果轮回中堕落。当我们被物质层面的东西吸引时，为了得到它，行为就容易败坏，最后导致我们在此生受苦，后世也难以幸免。

如果想在轮回中上升，商羯罗说我们必须拒绝物质的世界，只信仰梵天。梵天不是某个神。信仰神或许能帮助我们抵御物质利益的诱惑，但所有的神终究是物质世界的投射。要想从物质世界逃离，我们必须把梵天看作一种永恒的、绝对的存在。商羯罗认为，如果梵天是非物质的，那肯定也是无形的，因此超出了人类能感知的范畴。

我们不需要先理解梵天，才能相信它并体验到它。尽管行动总会导致物质世界中更多的纠缠不清，但冥想假以时日能带我们通往梵天。当我们意识到现实世界的非物质和无形这一本质时，启蒙又或者说"涅槃"就会发生。在涅槃中，我们会体验到，只有梵天是真实的存在，我们则依赖于梵天而存在。

阿迪·商羯罗在东方哲学——源自亚洲的智慧观念——中拥有巨大的影响力。他的思想与柏拉图的思想在某些方面有异曲同工之处，后者源于欧洲，是西方哲学中最有影响力的思想之一。

柏拉图——唯心主义

请你环顾四周，看看能否找到一件完美的事物。应该找不到吧。即使最娇艳的花朵细看之下也会有瑕疵。这个世界就是充满缺陷的，对此我们不应该感到意外。真正出人意料的是，人类的大脑即使被不完美的存在所包围，也能够想象到完美的存在。

为什么我在大脑里可以看到一个完美的三角形，而在现实世界中遇到的每一个三角形都是不完美的？为什么我可以想象到一种完美的相等关系，即使我从来没有看见过两样完全相同的东西？

柏拉图对这种情况感到非常疑惑。对生活在公元前四世纪的他来说，物质世界只是终极现实的模糊反映。

柏拉图是苏格拉底最忠诚的追随者，也是柏拉图学园的核心创办人。据传说，他在学园门口贴了一张告示牌，上面写着："不懂数学的不得入内。"柏拉图对数学的热爱源于数学的完美，它凝聚了万事万物的理想形式。例如，你可以运用数学公式来造一座桥。如果你真的造了一座桥，结果必然蕴含着公式，虽然不能完全对应上。

同样，数学也揭示了人的思想对完美的理解。想象一下你在学习勾股定理（$a^2+b^2=c^2$）时的画面。起初，你很困惑，但你想了想，画了一些草图，代入一些数字，检验了一个证明，然后意识到它是正确的。"啊哈。"你惊叫。

柏拉图把这个"啊哈"时刻看作一个重要的线索。当我们发现真理时，会感觉很熟悉，就像在大街上偶遇老朋友。"啊哈！"我们会说，"约翰，我差点没认出来你。"正如长在我们头上的眼睛认出了一个老朋友，我们大脑的眼睛会辨别出真理。这一能力意味着我们的思想是一种非物理存在，或是灵魂，能触达物质世界之外。

根据轮回理论，柏拉图有时认为，每个人的灵魂都曾有过前世——不是在物质世界里，而是在一个完美形态的非物质世界里。他也曾提出，"形式世界"并不是一个真实的世界，而是人类通过沉思可以达到的一种精神状态。

无论如何，柏拉图相信，只有完美的事物才是真实的。这是一种形而上的唯心主义。我们身边不完美的存在只是永恒的、不变的完美存在的投射。

亚里士多德——现实主义

亚里士多德是柏拉图学园的明星学生,他几乎在每一件事情上都与柏拉图的观点相左。

亚里士多德对完美的存在和完美形态的世界不感兴趣,他只想理解万物如何运转。比如,万物如何生长?想象一下,一只小狗刚出生时只有人类巴掌那么大,六个月后,它就会沉得你根本举不起来。为什么每天喂一点点食物和水,小狗就会发生这么大变化?为什么食物和水没有让小狗长成一棵树?为什么小狗可以跑来跑去,而树却不能?

今天,得益于生物学,我们都知道这些问题的答案了。但是,亚里士多德是第一个提出这些问题的人,这也是他被称为生物学之父的原因。要想回答生物学相关的问题,你得愿意把自己的手弄脏——亚里士多德就是这么干的。他有一个实验室,他收集各种样本,解剖这些样本,仔细观察并进行分类。他骨子里是一个科学家。

然而,亚里士多德并不满足于了解单一物体如何运转。他想了解万事万物背后的共同规律,然后建构一个宇宙整体运行的统一图景。最终,他提出所有的存在都可以用这四个原因来解释：

质料因——构成物体的材料。比如，眼球是由血肉组成的。

形式因——物体的理想形式。在这一原因里，亚里士多德改进了柏拉图的"完美形式"概念。如果眼球受伤了，就不能再用了，而"理想的眼球"则是眼球功能最大化的结构。

动力因——物体背后的推动力量。你是你的眼球的动力因。在罐子里漂浮的眼球即使是完好无损的，也无法工作，它必须依附在适当的媒介上才能正常发挥其功能。

目的因——物体的目的。眼球的目的是为了看东西。它也可能被当作食物，但这些次要的功能无法解释什么是眼球。

亚里士多德的四因说最适用于动物，这也是该理论最初的运用对象。但他曾试图用这个理论来解释所有事物，也得出过非常有趣的结论。（提示一下：试试用这个理论来解释你自己。）如果我们把柏拉图的理论称为"形而上的唯心主义"，那我们可以称亚里士多德的理论为"形而上的现实主义"。对亚里士多德来说，只有物质世界才是真实存在的。

玛格丽特·卡文迪什——唯物主义

尽管亚里士多德清晰地宣称物质世界是真实的,但他没有明确指出只有物质世界才是唯一真实的。柏拉图和阿迪·商羯罗都相信的灵魂呢?神呢?天堂呢?或者任何其他我们无法在身边感知到的某种永恒境界呢?真实的存在是否既有物质的,也有非物质的?亚里士多德保留了这种可能。

但是,十七世纪的英国哲学家玛格丽特·卡文迪什有不同的看法。她大胆地提出唯物主义(也叫物理主义):只有物质世界才是真实存在的。

这个观点之所以震撼人心,有两个原因。首先,在二十世纪之前,一位女性要成为哲学家是极为困难的。因为女性通常没有机会接触教育和书本,卡文迪什代表了哲学历史上极为罕见的女性声音。其次,卡文迪什生活在一个激进的基督教时代。基督教的核心就是坚守非物质的存在体和领域,卡文迪什能在反对基督教教义的同时又不给自己惹麻烦,是非常困难的事情。

她的唯物主义论述非常具有独创性,可以总结如下:

1. 所有真实的存在都在运动当中。

2. 非物质的东西不能运动。

3. 因此，非物质的东西不是真的。

卡文迪什基于她自己的前提推导出的结论是符合逻辑的。也就是说，如果她的前提是准确的话，那么唯物主义就一定是真的。但是，她的前提是准确的吗？

第一个前提，所有真实的存在都在运动当中。这很难让人反驳，因为我们的地球一直在太阳系里飞快地运转，而太阳系又在银行系里飞快地运转。在这种情况下，还有什么东西静止过呢？

第二个前提，非物质的东西不能运动，这能够通过思想实验验证。想象一下，一个天使从一个教堂的塔尖飞到另一个教堂的塔尖。刚开始，她看起来好像是一只鸟。再进一步观察，我们会发现她的脚穿过屋顶，她的翅膀不会扇起一点点风。因为天使不是物质的，所以她无法利用周围的东西作为抓力让自己起飞。因此，卡文迪什提出：

1. 物体要想运动需要相互接触。

2. 非物质的东西无法相互接触。

3. 因此，非物质的东西不能运动。

卡文迪什小心翼翼地让当权者确信，她对宗教相关的所有非真实存在都抱有虔诚之心。与此同时，在宗教之外，她看见的只有物质。物质以许多不同的方式在运动。有些物质能够以最细微的方式运动——我们称之为思考。

大脑怎么可能思考？思考似乎是一种神秘力量。但对卡文迪什来说，思考并不比其他的物质力量——比如磁力——更神秘。有些石头能吸住铁，与此类似，有些肉体能看见、映照事物。这非常神奇，只是这一切在卡文迪什看来都再自然不过了。

乔治·贝克莱——主观唯心主义

卡文迪什认为物质没有神秘可言，十八世纪的爱尔兰哲学家乔治·贝克莱却认为物质神秘得令人难以忍受。在他看来，物质的定义充满了自相矛盾的缺陷，应该被推翻。

什么是物质？唯物主义者说得好像我们被物质所包围一样。但是贝克莱指出，我们从未遇见过物质——我们所遇见的只是物质的质量。

想象一下台球里的8号球，很小、光滑、轻、圆、黑、不起眼、无味,当你把它击到其他球上时,两球碰撞会发出一声响亮的"啪"。唯物主义者想说,8号球是一堆"包含"了上述所有特质的物质。但当我们再仔细研究这些特质就会发现,这些特质不可能包含在物质里面。

思考一下8号球的颜色、气味、味道和声音。这些特质都是主观的,意味着它们存在于感知者的大脑里,而不是在物质本身。贝克莱指出,每一个人感知到的球的颜色、气味、味道和声音都是不一样的,进而得出上述结论。

如果把球拿给一个遥远行星上的外星人看,他有可能认为球是粉色的,气味芬芳,味道可口,并且碰到其他球时不会发出任何声音。这个外星人的感官系统跟我们截然不同!但是,谁对谁错呢?并没有一个客观的准确答案。颜色、气味、味道和声音这些特质源于感知者,而不是物体本身。

但如果是前四个特质呢,很小、光滑、轻和圆。可以肯定,不管是谁来感知,物品的体积、质地、重量和形状都是一样的。

非也!贝克莱如是说。对微生物而言,这个球看起来是巨大的、粗糙的、笨重的,并且就像地球的表层那样看起来是平的。而在亚原子生物眼里，这个球甚至不是一个固体，而是一群星云般的颗粒，它可以在其中穿梭。谁对谁错？并没有客观的答案。物体的大小、质地、重量、形状，甚至体积都源于观察者，而不是物体本身。

那8号球还有什么？它所有的特质都是主观的。没有什么是独立于我们的思想之外而存在。8号球不是一团物质，而是一种感知。

贝克莱把这个分析运用于整个物质世界，然后得出结论：物质根本不存在。只有思想是真实存在的。他最有名的口号就是"存在即被感知"。

还有一个问题需要贝克莱回答：我们的感知从何而来？作为一个拥有虔诚信仰之人（以及爱尔兰教会的主教），他顺手就可以得到一个答案：神！唯有全能全知的造物主能把这些特质如此完美和谐地投射到人的大脑里。这是一种多么高效的创世方式！既然可以直接创造人类的感知，那为什么还要去创造能被感知到的物质呢？

思想实验 | Thought Experiment

倒下的树

源于十八世纪的爱尔兰哲学家乔治·贝克莱。

如果森林里的一棵树倒下了,周边没有人听见,它是否发出了声音?如果唯物主义者的说法——物质是存在的——是正确的,那么倒下的树就的确振动了,尽管我们未必称这些振动为"声音"(在没有人听见这些声音的时候)。如果贝克莱的说法——只有感知是存在的——是对的,那么,这个问题的答案就是否定的。即使是振动也需要一个感知主体,那样才能确认振动是真实存在的。(再想想:上帝是否算一个感知者?如果是,他应该能听到树的声音。)

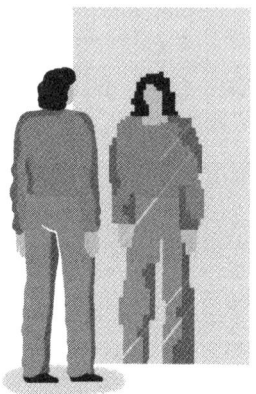

chapter 2

我是谁？

Who am I?

当你看向镜子时，你会看到什么？你会看到一个由旋转的原子组成的身体，还是看到一个无形的灵魂从你的眼睛里探出来？

科学告诉我们，人体的细胞经历十年的新陈代谢后会被彻底更换。实际上，只有少部分脑细胞会伴随你终身。那这些脑细胞是否足以保证你从出生到死亡都始终是同一个人？随着时光流逝，你肯定变化巨大。这是否意味着，在漫长的一生里，你活出了很多个不同的自己？

不管你是接受形而上的唯心主义（只有完美形式的存在才是真正的存在），还是形而上的现实主义（物质世界是真实的存在），又或者是两者的结合，都会影响你对自己的看法。你的自我观念又进而影响你选择怎样的人生。

基提翁的芝诺——斯多葛主义

今天很多人崇仰斯多葛主义。我们用斯多葛这个词来形容那些经历磨难但不抱怨的人。这个术语源自一个曾在地中海地区盛行约六百年的古老思想流派，后来被基督教取代。

公元前三世纪的古希腊哲学家芝诺是斯多葛主义的创始人。他相信所有的真实存在都是客观存在的——由物质和精神组成，精神是生命的力量。精神在宇宙中成形、成长并运动。斯多葛学派经常把精神称为"灵魂"，即使他们相信它不过是火和空气的结合，因此也是纯物质的。对斯多葛学派而言，我们周围的世界是真实的，因此不存在其他的精神领域或抽象领域。

然而,芝诺也相信上帝。尽管他经常称上帝为"宙斯"，但他不认为上帝就是他的希腊同胞敬奉的雷神。对芝诺来说，上帝是精神——宇宙的生命力量，世界的灵魂。他甚至还把整个宇宙看作一个独立的、鲜活的主体。所有存在的东西，包括每一个人，都是这个整体中神圣的一部分。

为了说明芝诺概念中的"人"，我们以燃烧的原木为例。

想象一根燃烧的木棍，上帝是火，木棍是你的身体。上帝在你里面，与你不可分离，给予你光明和热量。上帝存在于这个世界的不同层次上——它是聚沙成塔、植物生长、动物奔跑和人类思考的力量来源。

人类的想法就是理性，理性是神性最纯洁的表现。芝诺称之为逻各斯（Logos）。逻各斯是宇宙的终极法则，万事万物都以逻各斯的法则存在和运行。根据芝诺的观点，幸福生活的秘密就在于接受逻各斯，而不是试图反抗它。

为了论证这个观点，芝诺形象地讲述了一条狗绑在移动马车上的故事。如果这条狗想要跟随马车前进，那它就会跟着马车一起移动，并不会察觉到自己是被拖着往前走。但是，如果这条狗不想跟着马车前进，它也会无可奈何地被拖着往前走，那样它会感到无比痛苦。

芝诺说："幸福是良性流动的生活。"意思是我们应该努力让自己服从于逻各斯。当不幸来临，如果你情绪反应激烈，你就把自己降到了动物层次，可以动弹，但无法思考。理性会让你明白，事情本身没有孰好孰坏之分——一切不过是逻各斯的应有之义。

斯多葛主义概念中的人既是谦卑的，也是鼓舞人心的。

你并不是你看上去的那个作为世界灵魂一部分的个体,你是上帝的一部分。

西蒙娜·德·波伏娃——存在主义

没有什么观点比存在主义更能与斯多葛主义针锋相对。存在主义相对而言还比较新,只有不到两百年的历史,还不是一个具有统一思想的流派。它没有明确的创立者。实际上,存在主义者倾向于拒绝成为存在主义者。他们这么做是因为存在主义的本质主张就是成为一个绝对的个体——能进行自我定义,并创造属于自己的意义。

二十世纪的法国哲学家西蒙娜·德·波伏娃是存在主义运动的重要人物,这与她在女性主义领域的影响力不无关系。她的著作《第二性》于1949年面世,追溯了人类历史上女性经历过的系统性的不公正待遇,并呼吁女性要摆脱性别歧视。摆脱性别歧视意味着拒绝上帝,拒绝继续将男性地位优先于女性地位的社会制度。

波伏娃指出,你之所以成为现在的自己,在很大程度上取决于你所处的社会。你的发型、妆容、着装和鞋子,你面部的表情，你大脑的思想……所有这些，都是被强烈塑造的，受制于你感受到别人对你抱有怎样的期待。

关于这点，你可能会说："这不是真的！是我选择了自己想要的。"

真的吗？你明天穿上小丑的衣服试试。你能够穿得那么惊世骇俗又表现得超然世俗过一天吗？你大概率不想这样做。这是多么惊人的巧合，"你想要的"与其他数以百万的人想要的刚好是那么相似！很显然，你是在一组被社会严格定义的为数不多的选项中"做出选择"。

尽管男性和女性都面临着某种社会期待，但波伏娃尤其关注女性的状况。她曾说过一句名言："一个人并非生来就是女人，她是变成女人的。"这句话的意思是，女性的言行和外表没有生物学基础。女性气质是一种社会建构，而且是一种糟糕的社会建构，因为它让女性比男性看起来更加软弱无能。

幸运的是，存在主义者的世界不像斯多葛主义的世界那样被某种必然性支配着。波伏娃相信，我们能够意识到自己过的并非真实的生活，并变得忠于自己。真实性，不是一次性的变化，而是一个持续的挑战。根据波伏娃的说法，你必须在每一个时刻都自觉地选择做真实的自己。

存在主义好的一面就是一切皆有可能。你是你自己生活的创造者。灰暗的一面则是你不得不自己承担选择的后果。

丹尼尔·丹尼特——还原论

丹尼尔·丹尼特是如今在世的美国最知名的哲学家之一。他坚定地支持存在主义所反对的生物学解释。他的观点被称为物理还原论，因为他相信所有的事实都可以被还原为物质。他特别指出，关于我们是谁这样的事实，可以简单地理解为拥有大脑的身体。

对丹尼特来说，"我是谁"这样的问题具有误导性。它暗示着，除了我们的身体，还有其他东西需要被辨识。然而，丹尼特认为并没有其他东西了。一个主观意义的自我只是一种幻觉。

丹尼特用达尔文的进化论来解释包括人类在内的所有有机体。我们人类跟其他没有自我意识的动物一样，经历了数亿年的进化。请注意，猫从来不好奇自己是谁。猫甚至无法辨认出镜子中的自己。它们的大脑只能对环境做出条件反射,而不会反思这个过程本身。

让人类大脑独立运转的是一种强大的进化力量:语言。给事物命名、对事物进行描述能够让我们区分事物。对一只猫而言,一堆石头不过是它要翻越的障碍。而原始人则把石头视为神圣的祭坛,供奉看不见的神灵,祈求得到保护。尽管这只是一个故事,但有一种力量蕴含其中,这种力量把分散的、无目标的个体统一了起来。

你给自己命名和描述自己的能力也具有同样的作用。它将我们对外部环境所作出的散乱的、无目的的本能反应统一了起来。当你开始反思自己的人生经历,并讲述自己的故事时,你就创造了自己。

对存在主义者而言,你创造的自己是真实的,因为你有能力选择不同的目标。对丹尼特而言,你创造的自我不是真实的,因为你的目标已经完全被生物构造所决定。所有关于你自己的事实,都被还原为关于你的身体和大脑的事实。所以,不管你怎么认为你通过选择这条路径而不是那条路径定义了自己,你也并不真的拥有选择权。当然,你拥有选择的故事总能给你一点点意义感。

等一下——是谁在讲这个故事呢？难道我们不是首先需要一个自我来讲述一个关于自我的故事吗？

丹尼特不这么看。毕竟，我们能给机器人编程，让它编写一个关于自己的故事，哪怕它不过是一个用金属制作的机器人。同样，大自然也可以给我们编程，让我们书写自己的故事，哪怕我们不过是由血肉组成的机器。

大卫·查尔默斯——二元论

丹尼特的劲敌是澳大利亚当代哲学家大卫·查尔默斯，他否认所有关于"我们是谁的问题都可以被还原为物质"的观点。查尔默斯承认，哪怕神经科学家有一天能完全解释人类大脑是如何运作的，他们也永远无法解决关于人类意识更硬核的问题：为什么我们拥有这么丰富的主观体验？

拿音乐作为例子，音乐是什么？

首先，音乐是一种能激起身体一连串物理反应的活动。乐器产生的声波引起耳膜振动，从而使耳液流动，再使汗毛弯曲，最终产生电脉冲。电脉冲通过神经到达大脑，刺激着荷尔蒙的分泌，比如催产素、血清素、多巴胺和内啡肽，它们经由血液在全身流淌，增强人体的活力。

但音乐也是一种体验。不管对贝多芬第五交响曲的外在描述有多么详尽，也总让人感觉缺失点什么——也就是，到底听这首曲子是一种怎样的体验。声音可以用纯粹的量化标准测量，但音乐只能用质性衡量。也就是说，音乐根本没有办法被真正地测量。音乐引发的是一种可感受的主观反应。最先进的机器人即使能闻歌起舞，也不具备这种可感受的特质；它可以辨识声波，但听不到音乐。查尔默斯认为，如果人类只是拥有大脑的身体，那我们也不可能具备可感受的特质。

我们不只记录光的长度，还能看到颜色。我们不仅仅会吸入特定的物质，还能闻到芬芳。颜色、芳香、味道和音乐都是感受。人类不仅可以感受，也能意识到自己可以感受。无意识的人不可能感受到音乐。感受只能发生在有意识的状态下。

这就是灵魂吗？

纵观历史，主张身体和灵魂存在的哲学家被称为"二元论者"，因为他们假定存在两种不同的物质：有形的和无形的。查尔默斯对二元论的担忧在于，二元论传统上把灵魂这种无形的物质视为一种超自然的存在，即它可以在肉体死亡后以鬼魂的方式继续存活。

让我们回忆一下，丹尼特杀死这个鬼魂的方式是把思想简化为大脑。丹尼特认为，意识是一种幻觉——它并不真的存在。刚好相反，查尔默斯是一个二元论者，因为他假定思想既是具有物质属性的大脑，也是一种意识。然而，查尔默斯是一个自然主义二元论者，他认为意识也是一种物质，因为它不可能独自飘浮。

查尔默斯还面临着一个巨大的难题：一个纯物质的东西，比如大脑，如何产生像意识那样非物质的属性？

这个被称为身心问题的问题促使查尔默斯得出这样的结论：人类意识没有什么特别。意识是所有物质的属性，是一种宇宙能量，就像电磁那样。尽管意识无处不在，但其表现与其自身的物质复杂性成正比。所以，一块岩石的意识能量很低，而人类则清楚地表现出最强的意识能量，两者之间存在大量不同水平的意识能量。这种认为意识在自然世界里无处不在的观点，被称为泛心论。

思想实验 | Thought Experiment

飘浮的人

源于十一世纪的波斯哲学家阿维森纳。

想象你自己飘浮在空中。你看不见,其他感官也感觉不到。你没有嗅觉、味觉、听觉,也没有触觉。你能做的就是思考自己到底是谁。

你会意识到自己的存在吗?是的,你肯定知道自己在思考,不能说什么也意识不到。

你会意识到自己身体的存在吗?不会,你无法感知到任何物体。

对阿维森纳来说,这个思想实验捍卫了二元论。它表明,你的身体和你的思想显然是不同的东西,因为你能了解到自己的思想,却感觉不到身体的存在。因此,你肯定拥有灵魂。

chapter 3

我能自由选择吗?
Am I Free to Make Choices?

正如我们所知,你是谁很大程度上取决于你是否能自由地做选择,尤其在我们面对无法掌控的状况时。自由似乎是那么宝贵。纵观历史,无数勇敢的人为政治自由去斗争甚至付出生命。但是,人类真的有自由意志吗?

自由意志是一种不受任何约束、可以自行其是的能力。假如现在外面下雨,你在想是否出去。最终,你选择出去。同样,拥有自由意志的你,也可以选择待在屋里不出去。

决定论者否定自由意志。他们说,如果你选择待在屋里,那你就得创建出一个不一样的偏好。与此同时,非决定论者坚持认为,自由意志可以让你违背自己的偏好行事,或者完全没有偏好地行动。

虽然自由意志的存在似乎是显而易见的,但事实上很难证明其存在。

伊壁鸠鲁——原子论

公元前三世纪的古希腊哲学家伊壁鸠鲁创立了一个思想流派,与斯多葛学派棋逢对手,两者在大致相同的历史时期,盛行于地中海地区六百年。斯多葛学派认为生活的目的就是与神圣理性和谐相处,忽略生活的欢愉与痛苦;伊壁鸠鲁学派则认为生活的目的就是避免痛苦,寻求更高级的愉悦,尤其是友谊之乐。

两个学派的分歧首先存在于两者截然相反的宇宙观上。伊壁鸠鲁反对斯多葛学派认为整个宇宙都是神圣的观点,他讽刺道,如果有任何神灵的话,他们肯定去度假了。宇宙是永恒存在的,它完全由原子——微小的、不可再继续分割的物质——构成。早在电子显微镜发明之前,伊壁鸠鲁就证明了原子的存在。

我们身边的物体都能被分割成更小单位的物体,然后再继续分割。但这个分割过程不可能无限进行下去。所以,肯定有原子存在。而且,原子肯定是运动的,这样才能解释为什么物体会移动。如果原子像砖头那样被摆成一堵一堵的墙,那就不能动弹了。所以,原子之间肯定有缝隙。

伊壁鸠鲁把这个缝隙叫作"虚空"。他认为，现实由依照物理定律在虚空中移动的原子组成。

如果原子总是平行地在虚空中移动，那它们永远不会相撞，我们也不会看到原子的集合，也就是围绕在我们身边的物体。物体的存在证明了原子有时候会在虚空中改变方向。伊壁鸠鲁显然认为原子方向的改变是一种随机运动，尽管很微小，却会产生重大的累积效应。

除了创造许多不同的生命形式，改变方向的原子也创造了自由意志。它们把人类从物理定律的束缚中解放出来，允许我们以一种出人意料的、不可预测的方式行事。如果我喜欢在雨天出去，那我也有可能选择待在屋里，因为大脑里的原子可能突然转向相反的方向运动。

但是这种随机运动是否足以确保自由意志？毕竟，自由意志的主要目的是赋予我们的行动个人意义。我如何为一种随机而不是主动的选择负责任？自由意志必须是我们自己的选择，而不是在不经意间发生在我们身上的事件。伊壁鸠鲁要想有效论证他的自由意志，还需要论述人类的大脑如何控制可能横冲直撞的原子。

伊丽莎白·安斯康姆——非决定论

二十世纪的英国哲学家伊丽莎白·安斯康姆为伊壁鸠鲁的学说提供了助力。她说，认为万事万物要么是被预设的，要么完全是随机的，都是错误的。这种二元对立观点太把物理定律当作金科玉律了。或许物理定律只是提供了一个不容违背的基准，可以解释简单的物体，比如行星的运转，却不足以解释更复杂的物体，比如动物和人类的行为。

想象一下孩子的卡牌游戏。我们洗牌，每人拿一半卡牌，然后轮流一张一张翻牌。谁的红牌数最多，谁就赢了。

这是一个愚蠢的游戏，因为从发牌开始就决定了谁会赢。几乎没有必要轮流一张一张地翻牌。虽然这中间有悬念，因为我们并不知道发牌的结果，我们也可能会对结果感到意外，但其实结果早已注定。即使我们随机发牌，也没有人能左右输赢。

如果人生就像这个卡牌游戏，那么所有事情都是预先设定且不可避免会发生的。每天早上起床没有任何意义，虽然我们不可避免地要这么做！

在安斯康姆看来，生活不是孩子的卡牌游戏，更像是国际象棋。物理定律是游戏规则。在规则之下有多种行动的可能。谁是赢家的悬念是真实的，未到最后一步无法见分晓，谁胜谁负都有可能。

简单的物体，比如行星，无法展示物理定律中的全部因果关系。它们一圈又一圈地绕着转，没有太多变化——这是艾萨克·牛顿乐见的。然而，动物是复杂的，尽管它们可能无法打破任何物理定律，却可以展示出更全面的因果关系。

人类因为有主观意图，会展示出一种特别的因果关系。当我故意这样做时，意图是借此达到某种目的（不管最终是否成功）。假设我抓住控制杆，开始上下移动手臂，你问我为什么？我的答案跟原子和物理定律没有任何关系，只是关涉我的意图：要把水抽出来。我抽水是为了做什么呢？去帮助某些人，还是去伤害某些人？有目的的行动是承担道德责任所需的因果关系。

爱比克泰德——神决定论

斯多葛学派极为关注在宇宙中保留道德责任的一席之地。斯多葛学派首屈一指的代表人物是曾是奴隶的爱比克泰德。追随斯多葛学派鼻祖芝诺,这位公元二世纪的土耳其哲学家坚信,宇宙中的万物都必须遵循逻各斯,或者神法。这蕴含着某种决定论:没有人能做他们做的事情之外的事情。但自相矛盾的斯多葛主义又坚持人类可以自由行事。实际上,爱比克泰德把自由意志视为人类的最高道德成就。这是怎么回事呢?

我们思考一下斯多葛学派定义的神圣。上帝是逻各斯严格规定的所有现实的总和。作为宇宙的法则,逻各斯是必然的,它不可能是逻各斯之外的其他东西,就像2+2不可能等于5那样。

这种不可能确定了现实的边界。如果没有任何约束,现实就会是一片混乱。假设你在学习弹奏竖琴,所有错误技巧都是你学习的障碍,它们制造了可怕的噪音。而要演奏出美妙的音乐则仰赖于严格遵守正确的演奏技巧。只有在一个精确的范畴里演奏,才会有卓越的音乐产生。

理性是上帝唯一的约束,也使得上帝无限强大。就像一个竖琴演奏家已经内化了演奏技巧,上帝已经内化了理性,因此没有任何外在的加诸于上帝的约束。所以,虽然上帝只能做他所能做的事情,但他是自由的。

请注意，这与另一种自由观不同。伊壁鸠鲁学派主张自由是一种可以做出其他选择的能力，而斯多葛学派则把自由定义为不受外在限制行事的能力。后者这种自由的概念被称为相容论，因为它主张决定论和自由意志是兼容的。

爱比克泰德提出，理性使人类能够遵从逻各斯。我们比自然界中任何其他事物都更能够超越自身本性的物质方面。我们的身体是外在限制。就像超负荷的骡子，我们的身体承载着各种情绪压力——恐惧、愤怒、悲伤、喜悦——所有这些会导致我们行事不理性。为了自由，我们必须聚焦于我们能掌控的东西，也就是理性的思考。

你可能被关进监狱或者沦为奴隶，但你的思想永远不可能被奴役。爱比克泰德从个人经历中知道了这一点。在他摆脱奴隶身份重获自由之后，他意识到，对物质存在的渴求无疑把自身陷于奴役。通过意志力，我们可以摆脱这种渴求，进而获得神圣的自由。奥秘就在于只渴求我们能掌控的。爱比克泰德曾经写道："通向幸福的道路只有一条，就是停止担忧超出我们能力范围的事情。"

托马斯·霍布斯——物质决定论

生活在十七世纪的英国哲学家托马斯·霍布斯关心"意志力"这个词,其在很多哲学家眼里扮演了关键的角色。举个例子,斯多葛学派声称整个宇宙都是物质的,但他们随之又声称人类意志可以超越身体的局限性。霍布斯坚称,两者不可兼得。如果整个宇宙是物质的,那么没有任何东西可以超越物理边界。相反,如果意志可以超越物理边界,那它就不可能是纯物质的。否则,二元论就是真的了。

相比二元论,霍布斯更倾向于物质决定论。他认为,整个宇宙是物质的,并且按照物理定律运转,没有留下任何空间让人类获得爱比克泰德所幻想的神圣自由。实际上,上帝在霍布斯的哲学里没有任何地位。要不是他这样做不会惹上麻烦的话,或许他早就完全否认了上帝的存在。

霍布斯承认,爱比克泰德认为人类因肉体欲望备受困扰是对的。但爱比克泰德未能看到的是,最强烈的欲望总是最终的赢家。没有任何理性的意志力可以打败我们的欲望。理性无非是满足我们自身最强烈的欲望的精细计算,仅此而已。如果我现在想要一个橘子,且超过对其他东西的渴求，那么我肯定会谋算在哪里以何种方式可以得到这个橘子。我的理性是为了达到目的的手段，欲望才是目的。

霍布斯认为，欲望是人与生俱来的，并且总是自私的，哪怕我们假装并非如此。我们的首要任务是确保生存，其次是寻求愉悦。免于外在约束的自由有重要的优先级，因为这些约束妨碍我们满足自身的其他欲望。然而，霍布斯提出一个非常著名的观点，就是用自由换取安全是一种理性的行为。

想象一个自然状态：一个人类完全不受拘束的世界。在这样的世界里，霍布斯嘲讽道，生命会变得"肮脏下流、残酷且短暂"，因为我们为了得到自己想要的东西会进行无休止的斗争。所以，为了避免这样的暴力存在，人类应该互相达成共识，服从于一个强有力的统治者。这样获得安全保障后，我们就能比完全自由时更有效地得到想要的东西。所以，除了否定自由意志的存在，霍布斯还主张，放弃免于外在约束的自由以换取安全是一种理性的计算。

让-保罗·萨特——存在主义

二十世纪的法国哲学家让-保罗·萨特同意霍布斯关于上帝无关紧要的观点。实际上,萨特生活在一个更宽容的时代,他曾公开宣称自己是无神论者。然而,他对霍布斯的机械式世界观持批判态度。萨特认为,物质决定论把人类贬为机器,未能解释我们真实的生活体验。

我们来讨论一下殉道。如果人类本性是自私的,那我们如何解释人们明知道会牺牲生命,也要献身于某种事业的行为呢?萨特在二战期间曾经在纳粹监狱坐过牢,这一经历让他有机会反思类似的问题,它让我们看到人类在面临类似境况时做出的种种选择。他得出结论,根本没有人类本性这个东西。我们人类这一物种可能会有某种共同的欲望,但我们怎么看待这些欲望取决于我们自己。

萨特是我们在第2章讨论过的存在主义女性主义者波伏娃的终身伴侣。这对伴侣终身未婚,也没有养育子女,决意证明了我们的选择不取决于社会力量或者生物力量。萨特说,我们可以做出自己的选择,因为我们内心有一种虚无,那就是向无限的可能性——自由——敞开。或许我们可以把萨特的虚无跟伊壁鸠鲁的虚空相提并论。只有有了一定的空间，才能向新的方向前进。

然而，萨特指出，自由意志会制造焦虑。人在面对众多可能性时，会不知所措——萨特甚至说是令人心生厌恶。所以，我们总是想办法忽略或者否定我们与生俱来的自由。

想象一个在高级餐馆工作的服务员。他身穿制服，看起来跟其他服务员一样。他每天重复说得体的问候语，给客人介绍菜谱上的特色菜。从服务员的角度看，他没有穿不一样衣服、做不一样事情的选择，他的工作内容是事先分配好的，他所要做的就是遵守所有的规定。

和服务员一样，我们也希望有人能帮我们把生活安排好。遵守规定无疑简单多了！但这是一种懦弱的选择，萨特称之为"自欺"。他敦促我们抛弃凡事可预测的安全感。我们应该勇敢地拥抱自己的自由，并寻求赋予我们生活意义的独创性活动。

萨特在定义存在主义并普及存在主义运动方面的贡献比其他任何人都多。对人类而言，存在主义意味着"存在先于本质"。本质是赋予某事物特征的不可或缺的品质。大部分事物是本质优先于存在。比如，一只兔子在到达预期寿命之前，本质上就是一只兔子。而人类刚好相反，人类"出现"在这个世界时，不具有任何本质，而且必须要成为某种存在，也就是要通过选择生存来创造自己的身份。

萨特有一句名言："人就是他所造就的那个样子。"这个观点显然引起了人们的共鸣。在萨特下葬之日，二十万人涌上法国巴黎的街道哀悼他。

思想实验 | Thought Experiment

精于计算的魔鬼

源于十九世纪的法国哲学家皮埃尔-西蒙·拉普拉斯。

想象一下,有一个超级聪明的魔鬼,它知道宇宙里每一个原子的准确位置和动量,它也了解所有的物理定律。那么,它能够计算出未来吗?

皮埃尔-西蒙·拉普拉斯说可以。拉普拉斯认为,这个魔鬼能精确地预测未来要发生的事情,甚至是最微小的细节,也能回溯宇宙的整个历史。然而,拉普拉斯假定的是一个机械的世界,就像丹尼特和霍布斯设想的那样。而像波伏娃和萨特那样的存在主义者则会坚持自由意志会打败拉普拉斯的魔鬼。他们相信,科学无法给人类带来正义。但即使是最彻底的科学家也会对拉普拉斯提出异议。比如,量子物理学似乎就证明了宇宙本质上是不确定的。你怎么想呢?

2 PART

认识论
Epistemology

认识论是对知识的研究。这是一件很复杂的事情,因为它试图研究人类如何学习,了解人类如何获得知识。

我们通过很多不同的视角认识现实世界——性别、年龄、国籍、班级,这些身份认同会影响我们看世界的方式。我们其实都戴着有色眼镜,但只有在遇到戴着跟我们不一样颜色眼镜的人时,我们才会意识到这一点。我们会意识到摘下眼镜很困难,也会意识到人人都戴着一副眼镜。

成长的一部分就是发现父母眼中的世界并非泾渭分明,他们的视角也不完美。但他们并非故意欺骗你,他们的确也戴着自己的滤镜看待这个世界。所以,你要警惕了:不能相信任何人!

除了你自己!哲学家向我们保证,我们无需对知识的可能性感到绝望。我们只需要弄清楚如何判断真理。

chapter 4

我们能认识这个世界吗?
Can We Know Anything?

对真理的判断,和对其他事情的判断一样。假如你被邀请去当一个舞蹈比赛的裁判,你首先需要一套评判的标准。什么是重要的——观众的认可?原创性?服装?表演时长?动作难度?是否需要完成指定动作?有了标准之后,你就可以给参赛者打分了。

各种不同的思想在竞争,都想被冠上"知识"的头衔,那我们如何来评估?很不幸,评估标准本身就存在争议。历史上很多哲学家提出了各种各样的见解,下面是最有影响力的几种理论。

庄周——相对主义

公元前四世纪，中国哲学家庄周观察发现，万事万物都在变化，基于这一发现，他提出了一种知识的理论。昨天，你看见了窗外的树；今天你再看它，你假定这是同样一棵树。但这个假定是不准确的。今天的树并非昨天的树。实际上，此刻的树也和前一刻的树不一样。整个世界无时无刻不在变化当中。

是否存在某种事物，能超越这种不停息的变化而保持静止？毕竟，如果想说雨滴打破了水面的平静，首先得有一个平静的水面才行。如果没有平静的水面，没有静止的状态，那雨滴带来的变化又从何谈起呢？

庄周跟随老子——我们会在后面遇见他——的教导，成为道家的代表人物。道的字面意思是"道路"，但庄周也用这个字来形容变化世界中的不变。这种不变就是天道，万物之源。道家思想是指引我们通往这种绝对法则的方式。

但是，对庄周来说，与道和谐共处的方式不止一种。看待世界的角度不同意味着有不同的方式。庄周因擅长用寓言来表达自己的观点而闻名于世。他写道："井蛙不可以语于海者，拘于虚也；夏虫不可以语于冰者，笃于时也。"同样道理，"曲士不可以语于道者，束于教也。"

庄周教导我们要与相对真理共存。青蛙了解水井的知识，蚊子了解夏季的知识，我们也了解自己所生活的世界。但即使在人类生活的世界里，也还存在着子世界，每一个子世界都有自己的知识。我们必须通过交谈来了解彼此的世界，而不能假定我们这个世界运转的方式适用于其他任何世界。

庄周推崇相对主义，也就是，对这个人而言的真理可能对另一个人而言就是谬误。庄周认为，我们不能用单一的标准判断知识。我们需要知道存在某种绝对宇宙法则，而且我们应该尽可能诚实地、专注地去建构我们自己的知识。

塞克斯图斯·恩丕里柯——怀疑主义

像庄周那样，公元二世纪的古埃及哲学家塞克斯图斯·恩丕里柯发现人们看待世界有许多不同的视角。跟庄周不同，他对人们是否可以和平地讨论不同观点持悲观态度。在他的经验里，人们总是试图说服别人，以显示自己观点的优越性——无论是宗教、政治还是哲学。这样做会带来压力甚至争斗，进而降低生活的愉悦感。

塞克斯图斯推理道，如果获得幸福是我们的目标，那我们应该寻求中立。公元前四世纪的哲学家皮浪提出，怀疑主义是实现这一目标的方法。根据皮浪的观点，明智的人会在争议话题上搁置自己的判断，在关于我们能知道什么的辩论中弃权。塞克斯图斯采用并推广了皮浪的怀疑主义。

塞克斯图斯在评判标准的问题上找到了怀疑主义的用武之地。那些声称可以对观点进行评判的人，首先需要一个评判标准。但这个标准怎么样？我们需要对标准的真伪做出判断。如果未经判断，我们为什么要相信这个标准而不是其他随意一个标准呢？又或者，如果这个标准经过了判断，那是使用何种标准来判断这一标准的呢？同样的问题也会出现在这个判断标准上，即它是否被判断过真伪。这一问题会反复出现，无限循环。因此，我们无法声称自己能够评判不同的观点。

塞克斯图斯非常小心地区分了皮浪的怀疑主义和它的竞争对手学园派怀疑主义，后者是古罗马哲学家西塞罗创立的思想流派。前者认为我们无法了解任何观点的真实性，后者则认为我们无法了解任何事物的真实性。比如，学园派怀疑主义者认为他们无法判断房间里是否有一头大象。

学园派怀疑主义的问题在于，它让日常生活变得困难。特别是，如果你不知道食物是什么，你怎么进食？塞克斯图斯提出，要想正常生活，我们需要掌握一些无伤大雅的事实层面的知识。我们可以相信任何直接影响我们感官的东西，同时对任何间接的、理论层面的知识保持怀疑。这样做自然而然就可以带来内心的平静和幸福。

皮浪的怀疑主义的问题在于，它似乎在自我反驳。它告诉我们不应该对任何观点的真实性做出评判，但其本身就是一种观点。所以，似乎它在告诉我们不应该相信它自身。是否有一种方式可以摆脱这个自相矛盾？

勒内·笛卡尔——理性主义

十七世纪的法国哲学家勒内·笛卡尔把怀疑主义视为起点而不是终点。如果我们一开始就意识到，我们了解到的所有东西都有可能是错的，那么我们就有可能建立一个坚实的知识基础。

笛卡尔通过一个戏剧性的思想实验让这种"怀疑方法"广为人知。想象有一个邪恶的天才在欺骗你的整个人生。你经历的所有一切其实都是幻象，你所有的回忆都是假的。你不知道自己是谁。你不知道自己是否拥有躯体，因为你拥有的躯体似乎也是幻象的一部分。

尽管这是一种想象情形，但它并非不可能，因为它无法被证伪。你必须承认，有一丝丝的可能这是真的。而这个微弱的可能性足以证明塞克斯图斯"无伤大雅的事实层面的知识"是靠不住的，就像学园派怀疑主义曾指出的。笛卡尔的聪明之处在于创造了这种极端的怀疑状态，然后又给我们指明出路。

请注意，在邪恶的天才实验中，你不能相信自己的感觉。你不能声称自己了解看到的、听到的、触摸到的、闻到的或者品尝到的任何东西。那么，有你能了解的东西吗？

出乎意料地，答案是肯定的。邪恶的天才无法在某个问题上欺骗你，那就是你自己的存在。如果你在怀疑一切，那必然存在一个怀疑一切的"你"。每次你对自己说"我在思考我的人生是否就是一场幻象"时，你都是在确认自己是有思考能力的存在。

笛卡尔把自己的发现概述为"我思故我在"。即使在最糟糕的情况下，我们作为思考者的存在也是我们可以完全确定的。笛卡尔认为这个理论证明了理性比感觉更值得信赖。因为感觉无可避免地会走向幻象，但理性可以通过"清晰确切的想法"克服幻象。这一观点被称为理性主义，因为它更多依靠的是逻辑而不是经验。

对笛卡尔来说，确认自己作为一种有思考能力的存在只是第一步。他把清晰且确切的想法作为自己的知识标准，并相信自己能够证明上帝的存在和创造，从而恢复曾被邪恶的天才洒下怀疑的阴影的世界。

约翰·洛克——经验主义

十七世纪的英国哲学家约翰·洛克反对笛卡尔关于知识的理性主义标准。他最初的动机是支持发生在他周围的科学革命，这一革命主要归因于他的朋友伊萨克·牛顿。洛克担心笛卡尔的怀疑方法会低估观察在科学发现中的重要性。

请注意，清晰且确切的想法无法被客观观察到。对一个人来说是清晰且确切的想法，对另一个人来说可能是难以理解的、模糊的。洛克公开指责，这样主观的标准会带来巨大的风险，让那些专横跋扈的人把自己的观点强加给别人。

理性主义者试图跳脱这个指控，他们坚持认为，清晰且确切的想法是不证自明的。这意味着，每一个反思这些观点的人必然会看到观点自身的真理性。

但洛克反驳说，一个观点必须是天生的，也就是与生俱来的，它才能不证自明。只有在任何先验之前就存在于我们大脑里的观点，才能比源自经验的观点更明确。

洛克指出，笛卡尔关于清晰且确切的想法的最主要的例子上帝，就不能被认为是与生俱来的。首先，对上帝的看法因不同文化而存在巨大差异。其次，有些文化中根本不存在上帝。可以肯定，如果上帝的想法是天生的，那必然是放之四海而皆准。

与理性主义不同，洛克大胆地宣称，人的大脑在出生时是一块白板，没有任何与生俱来的观念。我们大脑中的任何观念都来自生活经验。洛克的这种观点被称为经验主义，它强调了科学实验的重要性。

因为理性主义者把演绎逻辑视为清晰且确切的，所以他们借此对自然世界做出结论，比如：

1. 所有黄金都拥有五种属性：A, B, C, D 和 E。

2. 这个物体是黄金。

3. 因此，这个物体肯定拥有属性 E。

这个观点在演绎逻辑上是成立的，也就是说，如果前提是肯定的，那么结论也是确定的。然而，根据洛克的观点，它忽略了科学家首先应该去调研的重要问题：这个物品真的是黄金吗？是否有不同类型的黄金？黄金是否可能获得或失去某种属性？

在科学实验室，洛克推荐归纳逻辑，例如：

1. 我们迄今为止研究的所有黄金都具有五种属性：A, B, C, D 和 E。

2. 这个物体有四种属性：A, B, C 和 D。

3. 因此，这个物体很有可能拥有属性 E。

归纳逻辑的结论只是表达了一种可能性，而不是完全确定的结论。但洛克认为，科学不需要完全确定的结论。他的知识标准是客观可见的证据——越多越好，即使永远不会有足够多的证据来确保什么。

西蒙娜·韦伊——神秘主义

笛卡尔和洛克的观点之争，就像他们的先驱柏拉图和亚里士多德。柏拉图和笛卡尔是向内求知识，亚里士多德和洛克则在外在世界里寻觅知识。值得留意的是，向内和向外两种不同取向是贯穿西方哲学历史的主题。有关它们的争论也孕育了可观的成果——每一方都迫使对方修正自己的观点，使之尽可能完善。

和其他大多数哲学家一样，尽管笛卡尔和洛克在演绎逻辑和归纳逻辑哪种更适用于寻求知识方面意见相左，但他们至少都是逻辑的忠实拥护者。然而，有些哲学家反对逻辑中心主义。

二十世纪的法国哲学家西蒙娜·韦伊就是逻辑中心主义的反对者。她在初期对笛卡尔和柏拉图十分感兴趣。她认为上帝是完美的、清晰且确切的，所以上帝不再是主观的想法，而是真实的体验。

韦伊是一个神秘主义者，她声称自己与上帝有直接的个人接触。她不仅仅是信仰上帝或者相信他的存在，甚至还确信这一切。韦伊写道："在涉及神圣的事情上，确定性是最重要的。"

毫无疑问，西方的逻辑中心主义带来了更先进的技术。但精神提升了吗？亲历第一次世界大战和第二次世界大战后，韦伊成了社会活动家，她对人类在追求技术进步的同时牺牲了精神追求这一点十分关切。她指出，在古希腊，人们把数学当作通往神圣的窗口，这并非因为数学是讲逻辑的，刚好相反，是因为数学揭示了逻辑本身无法解释的知识。

让我们来看看平方根的数学定义。平方根是某数的一个因数，当一个因数乘以它自身，可以得到原来的数，那这个因数就是原来的数的平方根……比如，2是4的平方根，3是9的平方根，那2的平方根是什么？它不是一个整数，而是1.414……一个无限不循环小数。但是，一个无限不循环小数不是有理数。实际上，2的平方根证明了无理数的存在。

同样，对韦伊来说，我们生活中无穷尽的困难证明了上帝的存在。尤其是，生活在必需和良善之间制造了不间断的张力。我需要食物来维持生存，但是我获取食物就可能剥夺了其他人获得食物的机会，从而带来苦难。在J.L.麦基那样的哲学家看来，这样的苦难证明信仰上帝是非理性的。韦伊同意这个观点，但她拥抱非理性，认为这理应是知识的准则之一。她认为，上帝和2的平方根一样，真实又非理性，而苦难揭示了神圣的奥秘。

思想实验 | Thought Experiment

庄周梦蝶

源于公元前四世纪的哲学家庄周。

庄周有一个著名的故事，他梦见自己变成了一只蝴蝶。他在花丛中飞舞，忘记了自己是庄周。醒来后，他不知道自己是那个在梦里梦见自己是蝴蝶的庄周，还是自己本来是蝴蝶只是梦见自己变成了庄周。

你做过这样的梦吗？是否有可能你现在就在梦境中？你用什么标准来判断此刻自己并不是在做梦？

chapter 5

何以为真？
What Makes Something True?

真理不等同于知识。信仰，如果不真实，也不是知识。如果有人声称自己知道古埃及女王克利奥帕特拉存在过，而我们发现他们说的不是真的，那么我们可以说，他们根本不知道她存在没存在过。但是，可能存在没人知道的真相，比如克利奥帕特拉是否穿过紫色内衣？我们不知道，也无法确认。然而，答案要么是，要么否。因此，"克利奥帕特拉穿过紫色内衣"要么是真的，要么是假的。

似乎克利奥帕特拉一定要通过穿什么来决定上面的说法是真还是假。但是，一个真实的说法到底意味着什么？当你选择穿某种颜色的内衣时，你是否就导致了某种真理的存在？真理存在于何处？我们在何种意义上认为这是真理？如果没人知道真理，那它是否仍然存在？真理是什么？

龙树——空性说

生活在公元三世纪的印度哲学家龙树被称为"第二个佛陀",仅次于佛教创始人乔达摩·悉达多(释迦牟尼)——后面我们会认识他。龙树提出了一个极具诱惑力的主张:世间无真理。这个说法只在他诠释的佛教教义里说得通。

人类一直在思考如何改善自己的生活,但讽刺的是,人类反而因此受苦受难,佛教便始于对这一现象的观察。一个以桥底为家的乞丐能想到的就是,如果自己能住在屋子里该有多好。当他历尽艰辛住进屋子里后,他马上又想到,如果能住在宫殿里该有多好。我们的问题是,我们总在追求一些让我们暂时感到满足的东西。

佛教教导我们,所有的苦难源于我们对无法持久的东西的追求。而脱离这一苦海的唯一办法就是消除欲望,但这很难做到。于是,佛教提供了许多办法来帮助人们。龙树给出的独特建议就是空性说。

龙树告诉人们万物皆空,空本身也是空。他似乎是在说,没有东西是持久的。让我们回忆一下第 3 章萨特的讨论——本质是赋予某事物特征的不可或缺的品质。

当你想要一座宫殿时，你便在大脑里创造了一个虚幻的现实，那里有一个永久存在的建筑，能一劳永逸地满足你的欲望。但是，宫殿到底是什么？不过就是一个临时性的建筑，坍塌后就只剩下石头和木头。同样，如果你渴望摆脱痛苦，你就会在大脑里创造出一个虚假的令你痛苦的东西。但痛苦到底是什么？不过是情绪的起伏。你又是什么？不过是不同元素的简单组合，最终也会分崩瓦解。

如果世界万物都不具有本质，那么什么也不能成为你渴求的东西。每一个欲望都需要一个永恒的对象。因为我们渴望的东西都是非永恒的，所以我们永远得不到满足。只有放弃对永恒存在的信仰，我们才能消除欲望。

当然，如果永恒之物不存在，那我们就无法真正地讨论它们。同样，只有存在永恒之物，语言才能赋予其意义。如果万事万物都处于一个不断变化的过程，那我们永远无法准确地给事物命名，或者提出任何真实的命题。如果我们无法提出真实的命题，那就不可能存在永恒的真理。

龙树也承认生活所需的世俗真理。比如，"太阳已经升起""我感到冷""你在这"。但从宇宙角度来说，这些说法里的万物都在不停地变化，甚至都不能对应任何具体的物体，更不用说真理了。

所以，抛开世俗真理，终极的真理就是不存在所谓的真理。没有东西能让事物命名，也没有东西能让我们去讨论，包括虚无本身。

G.W. 莱布尼茨——必然性

跟龙树不同，十八世纪的德国哲学家G.W. 莱布尼茨相信本质的存在。事实上，他相信我们生活的世界包含了最丰富多元的本质。莱布尼茨提出，我们知道这一点，是因为上帝是完美的存在。一个完美的存在会创造一个完美的宇宙。一个完美的宇宙是我们无法去完善的，不管是从质的层面还是量的层面。所以，上帝创造了"所有可能的世界中最完美的那个"。

这样的论述可能会显得莱布尼茨对人类的苦难漠不关心。和他同时代的伏尔泰写过一篇极尽刻薄的讽刺作品《老实人》，他在文中把莱布尼茨描绘成"邦葛罗斯先生"——一个荒诞的乐观主义者，当厄运将他击倒时，他甚至无法用自己的理论自圆其说。但莱布尼茨的学说是包罗万象的哲学体系的一部分,它提供了一个关于真理的有趣解释。

让我们来看一个关于真理的经典命题:"恺撒是恺撒。"谁能质疑这一点?这是一个重言式。考虑到"是"这个字代表含义相等,以及某一个事物总是等同于事物本身,那这个命题必然是真的。"恺撒"这个变量可以被其他任何变量代替,也不会改变其确定性,比如 A 是 A,B 是 B,等等。

但现在我们看一个更难的命题:"恺撒渡过了卢比孔河。""渡过"这个动词似乎无法给我们提供一种符合逻辑的方式,将主语恺撒和宾语卢比孔河联系起来。想要确定这个说法是否是真的,唯一的方法只有回到凯撒站在卢比孔河边的那个当下,站在河岸边,看看他到底做了什么。

但莱布尼茨提醒道,见证一个事实不代表一个命题是真的。是什么使它成为真相?莱布尼茨提出了"充足理由律":"没有事实可以成立或者成为真的,也没有任何命题是真的,除非有充足的理由来证明它是真的,而不是其他情况。"

为什么恺撒要渡过卢比孔河?鉴于这个世界是所有可

能世界里最好的一个，那就是他不得不这么做。

根据莱布尼茨的说法，恺撒拥有一种本质，这个本质包含了关于他的所有事实。想象一下恺撒是无数个事实的组合，用数学公式表达如下：

C={1, 2, 3……}

渡过卢比孔河是其中一个事实，比如用572这个数字来代替。如果我们坚称恺撒渡过了卢比孔河，就相当于宣称集合C包含数字572。换而言之，数字572是C集合的一部分：

572 ∈ {1, 2, 3……}

这是真实且必然的，不是因为我们见证了恺撒渡过卢比孔河，而是一个恺撒没有渡过卢比孔河的世界不是所有可能世界中最好的那个。

对莱布尼茨来说，宇宙中每一个人以及其他所有的本质都是一种特别的合集（他称之为单子）。从上帝永恒的视角来看，单子包含了所有事实。因此，所有真理都是必然的。充足理由律保证了这个世界是所有可能世界中最好的那个。

大卫·休谟——怀疑主义

你是否曾经经历过一种原则？它是什么颜色？闻起来是什么味道？

不，你永远不可能经历某种原则。你不可能拥有这样的体验。因为我们无法观察到原则。它们是我们头脑中的抽象思维。

莱布尼茨跟笛卡尔一样是一个理性主义者。我们之所以能这么说，是因为莱布尼茨把充足理由律视为一种知识。而经验主义者不会把这样的原则视为知识，因为他们相信所有的知识都源于通过五感获得的经验。

十八世纪的苏格兰哲学家大卫·休谟是一个经验主义者。尽管他想追随洛克的主张——可能性能让知识可靠，但他留意到一个更大的难题。可能性基于归纳逻辑，而归纳逻辑则基于经验主义者难以认同为知识的原则。

为了说明这一点，让我们回到洛克的归纳逻辑中关于黄金的讨论：

1. 我们迄今为止研究的所有黄金都具有五种属性：A、B、C、D 和 E。

2. 这个物体有四种属性：A，B，C和D。

3. 因此，这个物体很有可能拥有属性E。

怎样确认这个推论是成立的？为什么我们假定过去观察到的事物，在未来很有可能是保持不变的？

答案是，我们相信抽象的观念，休谟称之为"自然划一原则"：我们尚未经历的很有可能与我们经历过的相似。

就好像你已经体验过这个原则那般。每次你撒手放开一块石头，它都会掉到地上。你试一百遍，每次的结果都相同。那么，这个例子能否意味着体验了自然划一原则？

答案是不能。这只能说是体验了石头。仅此而已。一块灰色的、毫不起眼的石头，每次你撒手，它都会掉落。再仔细观察它。它包含什么原则了吗？当然没有。所以它不是非要如你期待那般行事。下次你撒手，石头有可能飞向空中，而不是落到地上。

"这怎么可能！"你提出了反对意见。

像莱布尼茨那样的理性主义者相信这个世界被原则统治，他们有权声称一块石头不可能飞向空中。而像洛克那样的经验主义者甚至没有权利声称这是不可能的，因为可能性基于归纳逻辑，而归纳逻辑则基于理性主义原则。休谟因此得出结论，归纳逻辑问题征服了经验主义者，因为经验主义者无法通过经验来论证自己逻辑的正当性。

这个洞见让像阿尔伯特·爱因斯坦这样伟大的思想家感到震惊，也激发他推翻牛顿的物理定律。但是，休谟并没有让自己困扰于这个发现。他对塞克斯图斯所推崇的皮浪怀疑主义（我们在第4章讨论过）很满意。他建议我们只需继续追随约定俗成的知识就好，不需要去证明它们。

路德维希·维特根斯坦——符合论

令休谟感到困扰的是，很多约定俗成的知识纯粹是无稽之谈。他对迷信尤其感到不安。假如有人说，他们看见有人在水上行走。休谟会问："这是奇迹还是谎言？"休谟认为更有可能是谎言，同时争论道我们不应该相信奇迹。但根据我们前面讨论过的他自己的分析，可能性也只是一种约定俗成的知识。所以，他发现自己处于一个尴尬的位置，他只是在用一种约定俗成的知识来反对另一种而已。

二十世纪的奥地利哲学家路德维希·维特根斯坦相信，经验主义者需要习俗之外的东西来夯实关于真理的命题。

他接着论述道，一个真实的命题对应着事实。这个定义看起来似乎显而易见，却是众所周知地难以解释，因为把一个命题和一个事实对应起来，需要解释人类语言如何能代表其言说的世界。

想一下，当你告诉你的朋友说："狮子在攻击羚羊。"你的朋友便思考并建立某种特定的联想。这是多么令人惊奇，你只需要发出一个声音或者在纸上写几笔，就能让另一个人的大脑产生如此明确具体的活动。你是怎么做到的？！

维特根斯坦提出，语言之于这个世界的表现作用跟图像大致相同。这并不是说"狮子在攻击羚羊"看起来像一只狮子在攻击羚羊，而是这个句子与狮子正在做的事情有同样的结构。也就是说，这个世界由不同事物以自己特定的方式行事构成。因此，我们的句子里包含了一个主语，以及一个有各种各样修饰语的动词。

狮子不会说话。它的吼叫声无法被人理解，因为吼叫没有反映这个世界的结构。吼叫不是由一个主语和与之相连的动词构成的，所以无法揭示某种事实，也就无法翻译了。我们可以翻译任何反映真实世界结构的语言，哪怕用不同的方式，比如用符号而不是英语单词，这是因为事实本身会提供意义。当一个事实的结构对应一个命题的结构，那这个命题就是真的。

维特根斯坦的语言图像论暗藏一个有趣的含义，那就是我们只能讨论事实，不能讨论宗教、道德、艺术或哲学。因为关于这些主题的命题并非事实，而是观点；而且它们无法对应世界中可以观察到的事实，也就没有意义。维特根斯坦可以接受这个说法，他有一个著名的论断："对于不能言说的事情，必须保持沉默。"他认为，哲学家的真正任务就是告诉人们，他们的大多数讨论纯粹是无稽之谈。

苏珊·哈克——基础融贯论

维特根斯坦发表了语言图像论之后就放弃哲学了，正如他自己所说，哲学就是胡说八道。但后来，他又回来继续研究哲学，并提出语言更像一个游戏，而不是图像的说法。

来看看大富翁游戏。我们根据游戏规则采取行动，努力实现自己的目标。我"买了"一个"房子"。当然，这个行为在游戏外没有任何意义，小小的塑料房子不代表任何真实世界里的房屋，小小的纸币也不代表真的货币。这个游戏是一个封闭系统。它之所以有意义，是因为这些行动建立在一套符合逻辑的游戏规则上。

维特根斯坦现在是这么看待语言的——只要它能提供一套互动的、合乎逻辑的规则，那就不需要对应现实中的任何事实。举个例子，如果我的目的是跟你共处一段时间，那我会使用一套特定的词语、手势和你交流；如果我的目标是远离你，那我会使用一套不同的词语和手势。我们每一个人都使用语言来采取行动，最终达成目标。

有些人把维特根斯坦后面提出的游戏理论当作他早期图像论的替代，也有些人把它当作一种补充。或许，当我们谈论事实时，我们的论述必须对应这个世界；而当我们发表观点或者提出一些抽象观念时，我们的言语只需要有逻辑地连接在一起就可以了。

当代英国哲学家苏珊·哈克认为，科学本身需要类似这样的妥协。毕竟，任何科学理论都会涉及一些基于观察的论述，比如"狮子攻击了羚羊"就伴随着一些抽象命题，比如自然划一原则。我们需要一种理论，它能既承认基于事实（经验主义）的真相，也认同抽象（理性主义）的真理。

哈克提出一个新的比喻：科学就像填字游戏。我们从一些线索开始，第一个线索是"羚羊的攻击者"，任何一种情况都有可能。第一行有四个空格，我们可以填进去"狮子"（lion）。但是第一列字母"L"下方有八个空格，因此，如果第一列是"L"开头，那"狮子"只能填在第一行。

对哈克来说，填字游戏的比喻展示了科学是证据和证据相互佐证的结合。利用线索得到可能的答案就像在世界里寻找事实。利用方格排除某些可能的答案，就像在运用抽象原则。事实提供了经验基础；原则为不同事物之间的关联提供了连贯一致的逻辑。

因为之前的两种认识论——基础论（对应）和融贯论（不对应）——观点互斥，于是哈克称自己的折中方法为基础融贯论。

思想实验 | Thought Experiment

停摆的钟

源于二十世纪的英国哲学家伯特兰·罗素。

"何以为真"这个问题,只是换了一种方式问"知识是什么"。它试图把知识定义为"真实的信念"。但随之而来的思想实验会挑战这个定义。

假如你在沙发上醒来时发现光线昏暗,让你感到昏昏沉沉。你看向钟表,上面显示两点,你就会相信此刻就是两点。事实上,它真的是两点。但你不知道的是,钟表在十二个小时前就停摆了。

你看到的是对的,这一点问题都没有。但是,什么让它变得真实?是错误的事实。如此说来,你真心相信的东西还是真的吗?你是否真的知道此刻是两点?

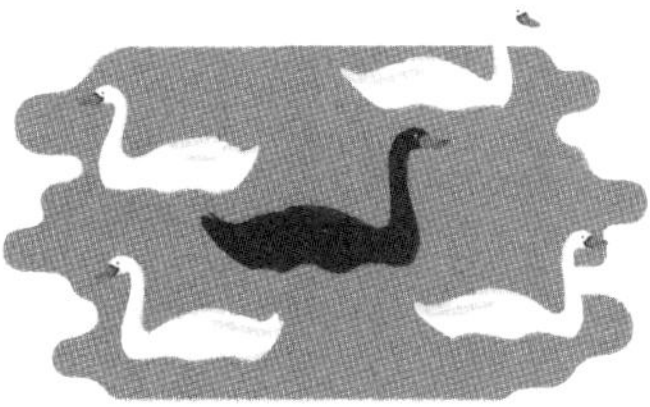

chapter 6

科学真的是客观的吗?
Is Science Really Objective?

我们生活在信息时代。我们个人的观点能得到实证研究的支持，是一件令人很满足的事情。"最近一项研究表明，我们最喜欢的甜点实际上对身体有利！"嗯……

科学的目标是客观，意思是不偏不倚。但是，科学是否成功地实现了这个目标？还是我们只是用科学来告诉自己想听到的内容？

毫无疑问，科学家会把偏见带入实验室。比如，科学家更倾向于研究容易测量的东西，这叫街灯效应。就像醉汉在院子里丢了钱包，却在大街上找，只是因为院子里太黑了！人本性带有偏见。

偏见是不可避免的，科学能否成功地克服它？这是一个在哲学上存在争议的话题。

威廉·詹姆斯——实用主义

威廉·詹姆斯曾是一名医生，写出了世界上第一本心理学教材，此外，他还是十九世纪美国杰出的哲学家。作为一名科学家，他关心如何减少偏见，但作为一名哲学家，他创造了实用主义——一种认为不存在客观真理的观点。

实用主义把真理定义为被证明是有用的信仰。对应事实的信仰通常被证明是有用的，同样，合乎逻辑的信仰通常也被证明是有用的。所以，詹姆斯坦然接受了前面讨论的对应理论和融贯理论。和哈克一样，他把两者视为互补的理论。然而，他的实用主义不仅仅是两种理论的结合。他提出，一种信仰不是非要证明自己对应事实或逻辑融通，才能证明自己是有用的。

詹姆斯对论证宗教信仰的合法性尤为感兴趣。宗教信仰不对应任何可观察到的事实，他们更多是神秘的，而不是合乎逻辑的。然而，宗教信仰可能对你有用——给你带来希望，激励你成为好人，或者把你和其他信徒连接起来。倘若如此，那它对你而言就是真的。相反，如果宗教信仰对你没用，那它就不是真的。真理因人而异。

詹姆斯没有把实用主义局限在宗教上，他试图将其运用于生活的各个方面，包括科学。真理不是刻在石头上的一堆命题，而是我们每一个人"用已有的经验关联新的经验"的过程。

举个例子，詹姆斯调查了一个声称能够跟死人对话的女性。当他参加这位女士的降神会时，他不由自主地想起了他之前跟骗子以及真正的宗教人士打交道的经历。有很多年，他相信这位女士说的是真的，但最后他还是认为那是假的。

实用主义者并没有说，真理是你想怎样就可以怎样。这是未经检验的偏见——一种不诚实的、危险的思维模式。在我们决定相信某一个论断之前，必须尽责地寻找证据来证明或反对它。从长期来看，忽略事实是无济于事的。但是，当证据无法显示结论而这个主张却有用的时候，我们有权利相信它，就像我们判断一个主张是真的那样。好的实用主义者知道，这样的判断永远不是最终的，他们总是乐于在新经验的启发下修正之前的立场。

卡尔·波普尔——证伪主义

二十世纪的奥地利哲学家卡尔·波普尔提出,科学让我们更接近理想中的客观,这远超实用主义者的想象。他推广了现在的学校普遍采用的科学方法,我们可以将其总结如下:

第一步:确定一个问题或者令人困惑的现象。

为什么澳大利亚的天鹅都是黑色的?

第二步:提出一个可能的解释。

雪在澳大利亚很罕见;水因为富含丹宁酸,所以也是深色的。天鹅的颜色是一种伪装。

第三步:检验该解释。

下雪的地方的所有天鹅应该是白色的。

你可能以为,检验这个问题的方法就是确认"下雪的地方的所有天鹅是白色"这一解释。但波普尔反对这样的检验方式,他有三个理由。首先,我们不可能去检查下雪的地方的所有天鹅。其次,即使能够做到,也无法证明黑天鹅无法在下雪的地方生存。最后,想要去证实这一行为本身会助长你的自然偏见——你会倾向于看到你想看见的东西。

与其去证实，你不如去寻求证伪。去下雪的地方寻找黑天鹅，最好是邀请具有竞争关系的科学家去寻找。如果找到一只黑天鹅，那么我们就有了反例，它能证明你的理论是错误的。如果找不到一只黑天鹅，那你的理论就是站得住脚的。

在波普尔看来，一个可以被证伪但还未被证伪的理论是最好的科学。反过来说，不能被证伪的理论根本不是科学。

比如，波普尔认为西格蒙德·弗洛伊德的精神分析学不是科学。假设艾伯特感觉抑郁，来找弗洛伊德。艾伯特告诉弗洛伊德，他在梦里射杀了自己的表亲。根据弗洛伊德的精神分析理论，梦境揭示了潜意识的欲望。所以，弗洛伊德解释，艾伯特的精神状态源于他压抑着自己与表亲之间的关系欲望。

如果弗洛伊德是一个科学家而不是一个讲故事的人，那他需要验证自己的解释。但他的理论做了什么预测？我们并不清楚。我们假设他预测艾伯特跟表亲交谈后会感觉好些，但事实上这样做只让他感觉更糟。尽管弗洛伊德没有做出预判应该被视为证伪，但是精神分析理论的模糊性反而使得人们很容易把艾伯特的消极反应解读为他对压抑欲望的确认。实际上，弗洛伊德吹嘘精神分析学可以解释人类的任何行为，哪怕是最骇人听闻的。因此，弗洛伊德的理论是不可证伪的。

与此相反，科学理论要做出可被推翻的具体预测。比如，我们可以提出艾伯特的苦恼是因为身体缺乏维生素D。这个解释推导出一个预测：补充维生素D有助于改善艾伯特的精神状况。如果他摄入维生素D没有好转甚至变得更糟，那我们必须回到起点，寻求新的理论假设。

预测是有风险的，意味着有可能失败。在波普尔看来，这是好事。失败的风险让我们可以更好地抵御偏见。科学家可能永远无法到达纯粹的客观，但是他们可以通过试错在最大程度上接近它。

托马斯·库恩——范式理论

二十世纪的美国哲学家托马斯·库恩深信，波普尔对科学工作方式的描述不准确。波普尔设想了科学家通过观察证伪之前的理论，从而促使他们提出新的理论。然而，库恩认为，科学家更有可能会忽视有问题的现象，或者给出一种合理的解释。

比如，假如你在北极找到一只黑天鹅。你可以维持原先的伪装假说，解释这只黑天鹅的存在是因为其他原因，比如，随机变异或者全球变暖。或者，假设你放弃了伪装假说，转而提出澳大利亚的天鹅需要黑色素来保护自己的皮肤，以避免被强烈的日照灼伤。尽管如此，伪装假说和黑色素假设都是进化论中关于适应的猜想。没有科学家会把黑天鹅视为对进化论的一种挑战。科学家们会团结在一起，努力找到某种进化论的解释，从而确认而不是证伪他们共享的理论框架。

库恩把科学家们共享的理论框架称为范式。他认为，科学探究通常是科学家在一个特定的范式内研究一些鸡毛蒜皮的事情。跟苏珊·哈克一样，他把科学比作填字游戏，但是它的局限性更强：你不能在格子外玩这个游戏。

然而，库恩进一步发现，历史上曾经发生过一些格子被推翻的危急时刻。比如，在十六世纪，所有人都相信地球是宇宙的中心。天文学家都忙着提出更精细的假设，来解释为什么行星们在夜空中的运转轨迹看起来那么不规则。然后，尼古拉·哥白尼出现了，他认识到，如果太阳是宇宙的中心，那我们看到的夜空才更解释得通。哥白尼关于太阳系的革命性学说在当时并不受欢迎。但在其他勇敢的科学家们的努力下，日心说慢慢地引起了天文学的范式转变。

为了真正了解这个范式转变有多么惊世骇俗，想象一下你在北极找到的黑天鹅只是一系列反常事件的开始。这些反常现象如此令人瞩目，以致进化论本身要被抛弃，目的是为新的范式让路，而这个新的范式能完美地解释所有这些反常事件。

去证伪进化论？对大多数生物学家来说，这种事难以想象。或许它永远都不会发生。但是，坚信目前的理论必定准确也将会犯错误。如果我们可以穿越到五百年后，我们可能会惊讶于今天的范式在未来发生了那么大的转变。

库恩对历史的看法让人震惊。既然每一个范式都提供了一套自己的知识标准，那么所有的真理都与某一个范式有关。我们之所以会认为某一个判断是"理性的"或者"得到充分的证据支持"，其实也是在特定范式内得出的结论。

范式之内可以进行比较，但在所有范式之外，没有绝对的真理标准。科学里声称的"客观性"仅限于范式内，不能放诸广阔无垠的大千世界。

米歇尔·福柯——权力

二十世纪的法国哲学家米歇尔·福柯同意库恩的观点，即任何科学主张的客观性都是相对于其理论框架而言的。福柯把这些理论框架称为"话语权"而不是"范式"，他提出的关于科学本质的观察令人不安。

思考一下，在中世纪，在公共场合闹事的人被认为是受到了某种超自然力量的操控。如果他们说得对，他们就会被尊崇为上帝的先知；如果说得不对，他们就会被厌弃，被当作巫师或恶魔。

今天，在公共场合闹事的人被认为患有精神疾病。他们会被带去看医生，接受诊断、治疗、看护和照顾。

你可能认为，这显示了人类社会在人道主义上取得了长足进步。但请不要那么肯定。根据福柯的观点，中世纪宗教和现代科学只是两个不同的话语体系，不存在某种元话语能够宣称这种话语比另一种话语更高级。事实上，这两种话语都同样受到权力的驱使，都会对被剥夺了公民权的人群产生负面影响。

想象有这么一座监狱，囚犯都被关在牢房里，瞭望塔的守卫对牢房的情况一目了然。虽然守卫不会总盯着囚犯，但他可以在任何时间监看。囚犯知道守卫的存在，但他们看不到守卫。十八世纪的哲学家杰里米·边沁设想出了这种监狱，并称之为圆形监狱。

圆形监狱是一种非常巧妙的控制方式。因为囚犯无法知道自己何时被监看，所以被迫内化了守卫的期待。他们完全暴露在守卫视线里，没有任何隐私或自由可言，最终会被迫开始自我监察。

福柯认为，现代科学为我们制造了一座无形的圆形监狱。我们是这种入侵式研究、调查和管制的对象。尽管我们没有被时时监视，但我们永远不知道自己什么时候被监视了，因此，我们会内化监视者的期待。

福柯尤为关注性的问题。没有科学家跟随我们进入卧室，但是媒体呈现的研究足以让我们判断他们曾经这么做过。"人类天生是双性的"，"色情书刊与离婚率有关"。我们内化了科学家们虚构出来的标签、类别、健康标准等，最终我们的思想和行为就会被他们控制。

以福柯为起点，女性主义哲学家如海伦·朗基诺、琳达·阿尔科夫和洛林·科德已经提出多种不同的知识理论，以此吸引人们关注历史上白人男性的知识视角是如何压制女性和有色人种地位的问题。她们提出了另一种话语体系，希望不是所有的话语都像福柯所假设的那样，因权力驱动而产生。

逻辑谬误

十九世纪的美国哲学家查尔斯·桑德斯·皮尔士既是科学家，也是逻辑学家。他写道："科学上的每一次重大进步都是逻辑学上的一节课。"

逻辑学是研究推理的。除了研究建构好的推理模型，逻辑学家也分析糟糕的推理。糟糕的推理被称为逻辑谬误。和科学一样，对谬误的分析要尽可能客观。但是，它也涉及一些有争议的主观成分。

形式谬误可以通过数学来证明。有很多种证明方法，我们看看下面的例子：

1. 所有鱼都有鱼鳞。
2. 这个物种有鱼鳞。
3. 因此，这个物种是鱼。

尽管这个推理乍一看没有问题，但给出的前提并不能推导出相应的结论，我们用一个示意图来表示：

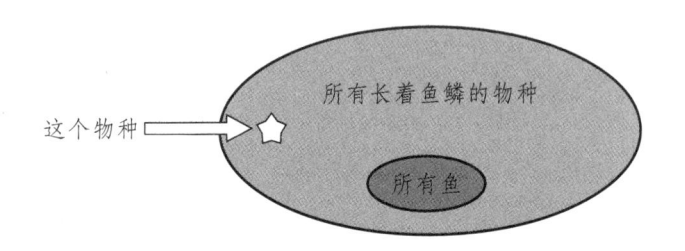

这个图展示了这个物种可能是长着鱼鳞的物种中的某一种，但不一定是鱼类中的一种。用数学来论证，这是一个确凿无疑的谬误。

但刚好相反，非形式谬误无法通过数学来论证。下面是一些最常见的非形式谬误。

诉诸群情：从众。"这个世界上数以百万的人都相信鬼魂的存在。因此鬼魂肯定是存在的。"

人身攻击：诉诸个人特征。"维特根斯坦是一个古怪的人。所以我拒绝严肃地讨论他的哲学。"

诉诸无知：诉诸信息缺失。"没有人证明过灵魂不存在，所以我就假定它存在。"

权威论证：诉诸权威。"阿奎纳是天主教会的大学士，所以当他说人类有自由意志时，我很相信。"

臭虫论：诉诸伪善。"我可能嘲笑了奥古斯丁的学说，但奥古斯丁也曾嘲笑过别人的理论。"

轻率概括：从很小的样本里得出结论。"我不得不研究海德格尔的哲学，最终发现他的哲学没什么道理。所以我现在要远离哲学。"

稻草人论证：把对手的观点过度简单化。"詹姆斯的整个理论归根结底就是你可以相信任何你想相信的东西。"

后此谬误：因为X后面跟着Y，就认为是X导致了Y。"婚姻是一种糟糕的制度。只要人们结婚，就会产生无休止的争吵。"

假两难推理：人为地给出有限选择。"要么我能进入极乐世界，要么我的人生就毫无意义。"

单方论证：用最喜欢的证据来证明偏见。"我刚发现一个1975年的研究，它证明哲学家的大脑比人的平均大脑的面积要大。"

乞题：使用与自己结论类似的观点作为自己的论据。"我更喜欢唯心主义，因为我最喜欢它。"

非形式谬误的判断要结合具体的情境。一般来说，前面提及的谬误都与论点无关。但也并非总是如此。比如，有时候从众是有益的。我们应该点比萨，因为绝大多数人想要吃比萨。

你经常会在政治辩论中看到，当辩论人十分热衷于某一个议题时，逻辑谬误就会频繁出现。其实，科学家和哲学家也需要警惕自己在推论中犯下同样的错误。逻辑是分析谬误的系统方法。

思想实验 | Thought Experiment

量子猫

源于二十世纪的奥地利物理学家薛定谔。

根据量子物理学,粒子可以以自由状态存在,直到与其他粒子发生互动。举例来说,一个量子物理学家可能会坚称以下说法:

粒子X是介于"S"和"-S"之间的状态,直到它与粒子Y发生互动。

如果我们只是在进行抽象讨论,这个说法没问题。但一旦普通物体被代入其中变成变量,这个说法就很牵强。如果X等于一只猫,S等于活着,-S等于死了,Y等于你。现在我们的量子命题就成为:

一只猫介于活着和死了之间,直到它与你发生互动。

这说的是什么呢?!

薛定谔让我们想象一个封闭的箱子,里面装着一只猫和一枚连接着随机引爆装置的炸弹。所以,炸弹是否会被引爆是一件不确定的事情。如果类比量子物理学的命题,这只猫既不活着,也没死,直到你打开箱子去看。而就在你打开箱子的那一刻，结果就是确定的，不管猫是死还是活。

薛定谔用这个思想实验来表明早期的量子命题是荒谬的。他认为，如果这种不确定状态不能发生在普通物体上，那么也不可能发生在粒子上。

然而，其他人则得出了相反的结论。如果粒子可能存在这种不确定的状态，那么普通物体也可能处于这种状态。

毕竟，在我们与其互动之前，我们又如何知道一个事物的状态究竟是怎样的？比如，当我们把冰箱门关上时，我们怎么知道冰箱里的灯是关闭的？你对现实的观察（作为一种互动的方式）是否影响了这个现实本身？如果是，科学又如何做到客观呢？

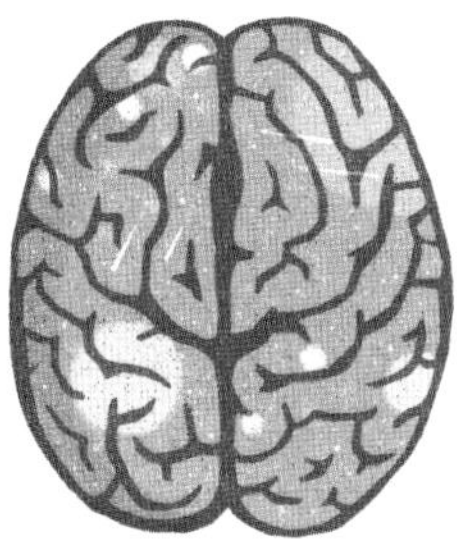

3
PART

价值论
Axiology

价值论是有关价值的理论,是一个哲学分支,分为伦理学和美学,即对美好生活的研究和对艺术的研究。生活和艺术是相互映照的镜子。如古语所言,是艺术来源于生活,还是生活模仿了艺术?

哲学家是在艺术和生活中寻找美。试着把生活想象成一个巨大的画布,你正在上面画画。你想在画布上看到什么?虽然你不能抹去已经画出来的东西,但你可以将尴尬的污点转变为背景,激发出创作前景的灵感。如果你每天早上醒来都有新的灵感,给这幅杰作再添一笔呢?

反过来想象一下你最喜欢的书或电影中的角色。你为什么喜欢他们?他们是激励你的偶像吗?你对虚构人物的欣赏能改善现实生活中你的性格吗?想象一下其他可能增加我们人生深度的人。如果你正在阅读的虚构角色实际上是真实的人,而他们正在阅读你的人生,你会怎么办?你会给他们什么样的人生教导?

在接下来的几章里,哲学家们会给我们提供一些发人深省的建议。

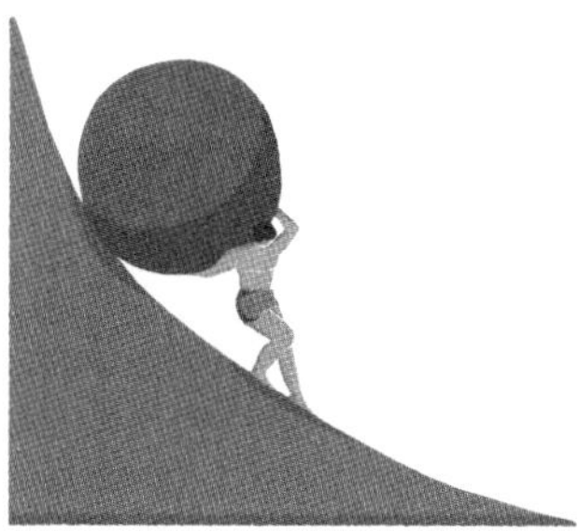

chapter 7

什么构成了美好人生?
What Makes a Good Life?

我们生活在一个多元化时代。没有人希望美好的人类生活只有一种模式。然而，对多元化的尊重不应成为我们做出判断的障碍。实际上，人生道路的多元，恰恰促使我们去思考什么样的道路对我们而言是最好的。

如果你足够幸运的话，你的寿命大概是八十年。那你打算如何度过这一生?

人们努力进取，陷入各种各样的追求中，而很少把人生价值作为一个整体来考虑。然后在人生的某些时刻——一个无眠的午夜、葬礼上或危机降临时——问题会凸显出来。

假如你到了生命结束前的最后时刻，有机会反思此生所做过的和没做过的所有事情，能说出"我度过了美好的一生"极为重要。

如果你现在就有机会思考"什么构成了美好人生"这个问题，那就不要拖延。

老子——道法自然

去公园里散散步,看看太阳西下的天空,吸一口新鲜空气,停下来闻一闻玫瑰的香味,读几首俳句或者田园诗。

大自然给你带来了什么?许多人发现,最心满意足的时刻往往是在户外。这仅仅是因为人类这一物种在很久以前是从动物进化而来的吗?还是因为大自然仍然是人类繁荣的奥秘?

公元前六世纪,中国哲学家老子认为,美好生活是与自然和谐共处的生活。老子的字面意思是"年长的大师",他是道家创始人,我们在第4章讨论过与道家紧密关联的庄周。道家的奠基之作《道德经》被认为是老子撰写的,人们经常以他的名字来称呼这部著作,即《老子》。

道家诞生于中国,当时七国争霸。所以,老子会教导人们放下野心以获得和平并不奇怪。但对道家来说,非暴力不仅仅是一种政治解决方案,还是一种生活方式。

老子强调无为,即不干预或者不作为,这意味着要遵循宇宙的自然法则。当我们养成进行户外活动的习惯时，我们会感受到日夜交替和季节轮换的节奏。作为自然的一部分，人类有这样的节奏。我们不应该为了遵从人为的安排、规则和法律，从而违背自然法则。我们应该服从自然的永恒力量，即流淌于人类和万事万物中的道。老子曾写道："善行无辙迹。"

虽然本书涉及的人物大多数都是知识分子，他们在学习时是开心的，并且相信美好人生需要勤学，但老子是个例外。毕竟，正规教育需要雄心，它需要驯服我们动物的本能以进阶到更先进的文明。老子觉得文明有负面影响。他认为，与其就这个世界越来越复杂的理论争论不休，不如培养朴素思想和对同胞的同理心。

太极拳跟道家有紧密联系，太极拳是一种适合在户外进行的锻炼运动。太极拳把对抗性的武术转变为一套配合深呼吸的优雅动作，人们的身心借此得到放松、平静。

随着世界环境危机愈加严峻，与自然和谐共处可能会成为越来越重要的一种思维模式。老子的方法为健康的生态实践提供了一种精神基础。真的很难想象建立在一个贫瘠星球上的美好的人生。

乔达摩·悉达多——超然

公元前五世纪左右,古印度哲学家乔达摩·悉达多创立了佛教,我们在第5章讨论过与佛教息息相关的龙树。乔达摩可能不同意老子关于自然是美好人生的奥秘这个观点。他传奇的个人经历能解释为什么。

乔达摩出生就是王子,在皇宫里长大。年轻时,他的父亲一直让他过着与世隔绝的生活。然而,有一天,乔达摩离开了皇宫,看到了四样改变他人生的东西:一个老人、一个病人、一个死人和一个苦行僧。看到前面三个人的时候,他意识到他在皇宫里的生活简直就是谎言,再多的财富和权力也无法阻止肉体要经受的摧残,自然条件不可避免地会给人带来苦难。而看到苦行僧后,乔达摩受到启发,开始寻求逃离尘世的方法。他离开家庭四处旅行,慢慢地获得智慧,并最终开悟。乔达摩接受了古印度关于投胎转世的传统信仰——肉体的死亡不代表从物质存在中逃离,因为重生后会进入新一段人世。我们在第1章讨论过这个问题。乔达摩把开悟视为涅槃——从生死循环中最终获得解放，这样他就不必转世为人。他后来被称为佛陀，意思是"觉悟者"。

乔达摩拒绝接受那个时代普遍存在的精英主义宗教观念，他教导人们，只要遵循八正道，任何人都有可能开悟。八正道明确给出了人类生活八个方面的正确做法：正见、正思维、正语、正业、正命、正精进、正念、正定。尽管人们对这八个方面有不同的解释，但其共同的主题就是无论我们做什么，都要努力从肉体欲望中超脱。乔达摩说，就像落在莲叶上的水珠并不留恋于此，明智的人也不会留恋所见、所闻和所感的东西。

所有人都有无法被完全消除的欲望。比如，我们自然而然地想要食物，而且我们也需要进食才能存活。但是，我们可以学着从对食物的渴求中超脱，这样我们就不会成为欲望的奴隶。我们都知道突然特别想吃糖是一件多么分散精力的事情。享乐主义者沉迷于感官享受，很快就会上瘾，最终导致不必要的苦难。佛教徒刚好相反，他们通过冥想，避开尘世的诱惑，从而避免苦难。

圣希尔德加德·宾根——热情

请注意，佛教中没有神。在西方世界，直到二十世纪官方还要求人们信仰上帝。不信仰上帝等同于不相信道德。因此，无神论者被视为道德沦丧的、对社会有危害的人。

当然，任何对思想和言论自由的禁锢都与哲学背道而驰，哲学追求在任何可能的地方寻找真理。事实上，今天西方社会所享受的智识多元性，要归功于哲学家们在整个人类历史中坚持不懈的推动。

当被强制信仰基督教时，西方哲学家们以不同的方式来对待上帝。有些是秘密的无神论者，只在必要时喊喊口号；有些是不可知论者，偷偷地说但没人确切地知道他们说的是什么；其他则是虔诚的信徒。在众多信徒中，有些人把上帝视为有用的假设，能够解释现实世界的困惑；其他人则是狂热的追随者。

十二世纪的德国哲学家圣希尔德加德·宾根是最后一类人的杰出代表。她出生于一个小贵族家庭，排行第十。她成了一名修女，从而摆脱了中世纪母亲的身份负担。她在修道院学会阅读和书写之后，很快被选举为修道院院长。

后来,她建立了新的修道院,在教堂巡回路途中传教反对教会中的腐败,又出版关于医药和植物的书籍,还做了很多她所在时代很少人尤其是女性会做的事情。

尽管圣希尔德加德长期饱受慢性头痛的困扰,但她的人生显然过得十分充实。她的秘密是她在音乐中获得的沉醉与灵感。还是小女孩的时候,她就学会了弹奏齐特琴;四十多岁时,她开始自己编曲。她的音乐轰动一时,即使在今天仍然大受欢迎。

圣希尔德加德认为音乐很神圣,她也能看到万物的神圣之处。"歌唱吧!"她写道,"在庆典时不要松懈,在节庆时不要懒惰,要热情洋溢。"哇——我们当中有多少人曾如此兴奋地度日?

圣希尔德加德既不是第一个也不是最后一个提出音乐在美好人生中扮演非常重要的角色的哲学家,本书中提到的孔子、亚里士多德和尼采等也是这样的哲学家。即使事实证明音乐和上帝不适用于所有人,但圣希尔德加德在更深层次上阐述了热情的至关重要性。或许真的存在某种令每一个人心醉神迷的东西,一种可以让无聊痛苦的生活变得美好的东西。

阿尔贝·加缪——感官愉悦

二十世纪的法国哲学家阿尔贝·加缪是圣希尔德加德·宾根的完美对手。他不仅否认上帝的存在，甚至还公开表达对宗教冲动的反感。他说，宗教的问题在于它给人带来了希望——我们可以通过满怀期待地向往死后光明的未来度过现在的生活。

加缪认为，希望是一个可怕的谎言。所有人的生命都会湮灭。没有天堂，没有涅槃或者道可以期待。我们所有的努力——我们写的歌、我们建造的寺庙、我们设计的解决方案——都是毫无意义的。

但即使如此，加缪认为，我们仍然可以拥有美好的人生。秘诀就在于承认死亡是终极现实，然后继续勇敢地活下去。

加缪使用了西西弗斯神话来说明自己的观点，这非常著名。西西弗斯是国王，他触怒了众神。为了惩罚他，诸神要求他花一整天的时间把一块巨石推到山顶。但当他把石头推到山顶时，诸神又让石头落到山脚下。这样西西弗斯第二天就又得把石头往山顶上推。就这样，西西弗斯被惩罚日复一日无休止地重复着这样无意义的工作。

加缪认为，人类生活其实就是西西弗斯式的惩罚。我们每天都面临着工作和关系的难题。我们筋疲力尽，然后第二天又面临同样的问题。我们的生活只是在不断重复，让人没有任何成就感。我们不禁期盼这个世界是有序且有意义的，但当我们对生活的方方面面进行深思熟虑后，发现这根本行不通。

加缪最终拥抱了生活的荒诞。我们可以选择幽默地接受命运的安排，而不是听天由命。通过从生活基本面转身投向享乐主义，加缪创造了一种喜悦的冷漠。而这正是佛教反对的观点，即美好的人生建立在感官愉悦的基础上。

加缪喜欢在沙滩上度过漫长慵懒的下午。想象一个场景，有蓝天、暖沙，有微咸的海风、嗡嗡的蟋蟀、漂亮的贝壳、五颜六色的太阳伞，有笑声，有在木板路上行驶的自行车，有一个甜甜圈售卖亭、一个咖啡店，以及一个有心爱的人在的小酒馆。

或许你没有沙滩，或许你拥有的不过是一杯咖啡。但是，你仍然有机会享受当下的美妙时光。这个时刻很短暂，转瞬即逝。但你不需要想那么多。学会享受当下以及任何你能抓住的时光。加缪认为，这就是你需要的所有永恒。

加缪把我们每一个人都看作西西弗斯，一个被众神折磨的、充满英雄悲剧色彩的国王。这样史诗般的自我画像对你有吸引力吗？显然，这个观点击中了人们的痛点，因此他获得了1957年的诺贝尔文学奖。

阿兰·德波顿——情商

我们停下来想想，为什么我们会从西西弗斯里看到自己？或许是因为我们都有一个膨胀的自我认知。

当代英国哲学家阿兰·德波顿深感忧虑的是，对人类潜力的英雄式描绘会使得我们的自我期待过高。社会媒体和大众文化又强化了这种不切实际的过高期待。如果你根据对超级巨星的幻想来评判自己，那你肯定会被现实狠狠地打脸。

德波顿建议我们可以更谦逊些。与其目标高远然后落得失败，不如期待一种不太糟糕的人生。

德波顿认为，我们的烦恼主要来源于工作和关系两大方面。我们的工作应该能让我们发挥天赋，并由此得到他人的赞赏以及合理的回报。然而，我们追求的事业成功，常常只是挣更多的钱、获得更高的社会地位。同样，在一段关系里，最重要的是对方能接纳真实的我们。但我们社会的经典关系——婚姻却要求我们扮演很多不同的角色。我们必须成为体贴的伴侣、能自我牺牲的家长、可靠的经济收入来源、充满激情的爱人，或者更多，甚至还被要求以上全部都要有。这就是灾难的开始。

对德波顿而言，秘诀就是我们要意识到我们不需要成为超级巨星。假如我们都有足够的情商，平凡人生也是美好的人生。

每一个人都有情感需求。有些人的需求很常见，比如需要爱；有些人的需求则与众不同，这可能源于童年经历。比如，有人需要自由，而其他人需要安全感；有人需要整洁可控，而其他人需要神秘不可知，等等。我们常常没有觉察到人们的情感需求是不同的，并且这些需求会引发人际冲突。

情商是解决之道。第一步是厘清自己的情感需求；第二步是跟他人好好沟通自己的情感需求；第三步是理解其他人也有自己的情感需求。觉察他人的感受，能避免在工作和关系中出现问题。

德波顿开玩笑说,在一个情商通达的社会,两人见面的标准打招呼方式应该是:"让我抓狂的事情是_____。你会因为什么抓狂?"尽管情商可能永远无法消除折磨我们的愤怒、恐惧和悲伤,但它能有效减少负面情绪,让普通的人生成为值得过的人生。

思想实验 | Thought Experiment

体验机

源于二十世纪的美国哲学家罗伯特·诺齐克。

假如虚拟现实技术发展到一定阶段，能够为人类制造出模拟理想体验的机器。你所需要做的不过是告诉机器你的品味和偏好，它就将为你创造出一个全新的生活，使快乐最大化，使痛苦最小化。你可以指定环境、人和你自己的身份。机器会让你体验任何你喜欢的探险活动。（鉴于这是一个思想实验，不用担心机器是否存在危险。）

体验机可以让人梦想成真。唯一的问题是你不能只体验一天，你必须做出选择：要么生活在真实的世界里，要么在机器里度过余生。

可能加缪会选择体验机，但罗伯特·诺齐克说他选择过一个不完美但真实的生活，理由是作为人想要切切实实做点事情，而不只是去体验。你会怎么选择呢？为什么？

chapter 8

我如何分辨对错?
How Do I Decide What's Right?

毋庸置疑,美好人生的很大一部分是做出道德选择。幸运的是,道德在很大程度上很简单,就是尽你所能做个好人!你不需要成为一个哲学家也能做到。

但是,我们也经常面临一些更难的道德选择。有时关涉重大决定,比如,是否要堕胎;有时则是无关紧要的事情。但即使是最小的道德选择,累积起来也就铸就了你的品格——要么更好,要么更坏。

假如有人送你的礼物是一顶帽子,你不喜欢。你应该表露你真实的反应,还是假装你很喜欢它?

这个小小决定的背后蕴含着两种价值观的冲突——真相和幸福。大多数人认为这两者都很重要,大多数时候我们也能两者兼得。当然,最理想的情况是我们永远都不必在两者中做取舍。但真实的生活会把这两个选择摆在你面前,真实与快乐,你会把哪个放在优先位置?这是一个很重要的问题,类似这样的问题在生活中随处可见。

哲学家在进行道德选择时要遵循一贯的原则。下面这些历史上最有影响的理论,能帮助我们判断什么是对的。

奥古斯丁——神命论

最古老和最普遍的伦理道德源自宗教。实际上，有人曾好奇，既然人们应该在寺庙、清真寺或者教堂里学习何为对何为错，那为什么还有哲学伦理学这样的东西。

哲学家们认为，即使宗教会教导伦理道德，我们也仍然需要一个中立的场所，来讨论世俗情形下的伦理问题，比如在工作中或者学校里，因为这其中包含了拥有截然不同宗教观点的人群。此外，越来越多人选择不皈依于任何一种宗教，他们也需要伦理道德。

神命论把道德定义为服从上帝。尽管这个方法只能在特定的宗教里有限地使用，但它也能为宗教中立的伦理理论提供基础。

在公元五世纪，罗马帝国北非哲学家奥古斯丁基于柏拉图的唯心主义，提出了神命论。回忆一下，柏拉图关注物质世界的不完美。我们身边的所有事物都不是绝对公平、美丽或好的，然而我们却有完美的观念。既然这些观念肯定有其出处，那必然存在一个超越物质世界的领域——形式世界。柏拉图把这个形式世界看作所有真理的来源。

作为一名基督徒，奥古斯丁把形式世界等同于上帝的思想。因为上帝是完美的，因此他知道所有完美的观点，并且基于这些观点创造了这个世界。就像柏拉图把形式世界看作冥思的最佳对象，奥古斯丁把上帝看作爱的最佳对象。爱上帝等同于爱真理，它能帮助我们理清自己的思想，并获得道德指引。

奥古斯丁认为不道德源自错爱。我们当然可以爱上帝之外的事物，但必须按它们值得被爱的程度付出合乎比例的爱。比如，过度喜欢糖果的人会总吃糖，这样会危害身体健康。更糟糕的是，有人过于喜欢酒精，他们很快就无法做出任何明智的选择。奥古斯丁写道："我的爱就是我的重量，不管我去哪里，我的爱都会把我带到那里。"

对奥古斯丁而言，爱上帝通常意味着遵从宗教权威。但请注意，它也可能意味着不遵从，如果你认为宗教权威是错的。毕竟，上帝是最高权威，能通过意识直接和人对话。毫无疑问，许多宗教改革家，比如马丁·路德，就是用这种方式为自己不遵从宗教权威寻求合法性的。更进一步地说，许多哲学家认为良知是神圣的，比如美国的超验主义者。对他们来说，神命论意味着遵从自己的良心，即使社会上的其他人认为你是错的。

让·雅克·卢梭——社会契约论

如果神能在我们面前显现，直接给我们指令，我们会非常乐意遵从。但他们从未这么做过。相反，信徒需要请教宗教权威、典籍，还有良心，而这一切都是值得怀疑的。

比如，美国超验主义者亨利·戴维·梭罗被广为人知的立场是反对奴隶制，他认为良知要求民众不遵从美国政府，结果他在1846年7月因为拒绝纳税被关进监狱。他的好朋友拉尔夫·沃尔多·爱默生也是超验主义者，他却不这么想，他的良知让他替梭罗缴了税，把他从监狱里捞了出来。但梭罗并不因此感到高兴，他俩为民众不服从的道德准则争吵了起来。

良知是高度主观的。那是否存在一个更客观的伦理基础？

十八世纪的法国哲学家让·雅克·卢梭认为，文明的恶魔已经腐化了个体的判断，单凭良知不足以判断对错。因此，他提出社会契约论，该理论将道德定义为为了共同利益联合在一起的一种心照不宣的契约。

想象一下在人类文明起源之前的自然状态是什么样子的？就像我们在第3章所讨论的，托马斯·霍布斯相信，自然状态下的人是肮脏下流的、残忍的，甚至是短命的。卢梭完全不赞同这个观点，他认为，人类天生有仁爱之心，看到同胞受苦受难，会感到难过。在一个食物和住所十分充裕的原始社会里，人类应该能友好相处。

然而，问题来了，人口增长会大量消耗资源，并引发竞争。在这种情况下，自我利益就优先于对他人的仁爱。更糟糕的是，竞争必然有赢有输，最终胜利者会聚集更多的财富和自由时间，而失败者则要承担所有劳动。换言之，社会阶级出现了。如果我们不建立一套政治体制的话，这样的不平等很快就会导致人人为敌的战争，就像霍布斯所预见的那样。

卢梭有一句名言："人生而自由，但无往不在枷锁之中。"这是因为财富拥有者建立了一套政治体制以更好地保留自己的财富。在这样的制度下，过上道德的生活几乎不可能。我们所有的选择都被不平等扭曲了。比如，如果我们买新鞋，那我们是在为工厂的剥削做贡献；如果我们不买新鞋，经济会下滑。但这个制度并非不可避免。尽管我们不能回到原始状态，但我们可以与他人达成一种心照不宣的契约，以实现共同利益。

卢梭设想的政治体制是一种直接民主，即每一个人都可以就任何事情进行投票，不需要选举代表。尽管这样的制度不可能在美国那样的大国实现，但是实践这样的社会契约道德仍然是有可能的。比如，我们可以坚决不从剥削工厂那里买鞋。请注意，如果只有一个人有这样的决心，那无济于事。卢梭认为，道德要求双方达成一致。当我们做出选择时，我们必须把自己想象成代表人性行动的人，而不是个体。

伊曼努尔·康德——义务论

卢梭的社会契约论非常美好。就像一个婚姻契约，它旨在创造一种标准，一种社会期待。不幸的是，它完全是一种想象。由于没有任何人真的签署过任何文件，道德就变成了一种理论共识，既无法防范违背契约的行为，也无法强制人们在第一时间就"签署"这样的契约。

十八世纪的德国哲学家伊曼努尔·康德相信，道德伦理的约束力比卢梭想的更强大。当我们告诉孩子们"你要诚实"的时候，我们并不是期待他们选择诚实，而是他们必须诚实。这种必然性来自哪里？在康德看来，道德的必然性来自理性规则。理性创造了合乎道德的选择，就像它创造了数学中逻辑正确的算式，比如 2+2=4。

这是如何发生的？世界上肯定有一些非常聪明但又不诚实的人。想象一下，一个天才骗子借了一系列贷款，然后消失在世界的另一头，过上了偷来的奢侈的生活。我们可能不会钦佩这样的人，但我们能说他的选择不理性吗？

康德认为可以。在他看来，任何一个做出虚假承诺的人都犯了可怕的推理错误。每当理性主体行动时，他们会根据常规原则行事。比如，当你去喝一杯水时，你在依照常规原则"如果你渴了就应该去喝水"。而骗子的原则是"如果你需要钱，你应该做一个虚假承诺"。虽然你的喝水原则和骗子的原则一开始看起来似乎都同样理性，但我们发现了两者之间巨大的不同。

喝水原则是普遍通用的，也就是说，如果每个人渴了就喝水，就不会出现任何矛盾。因为人类是平等的，任何在我们身上行得通的原则，那在其他人身上应该也行得通。这就是说，你应该将你遵循的原则通用化。

但骗子的原则不是通用的。当所有人做出虚假承诺时，矛盾就出现了，也就是说，再也没有人会相信这个承诺，因为每个人都知道别人也做出虚假承诺。

康德认为，做出一个虚假承诺，就像坚称2+2等于5。你的选择不合乎情理，因为你在假定一个承诺有效的同时也削弱了该承诺的有效性。康德进一步认为，这种分析也适用于不道德的选择。而道德其实是主体变得完全理性的一部分。康德的道德论被称为义务论，因为它把道德定义为遵从理性规则。

约翰·斯图尔特·穆勒——功利主义

义务论保证了道德的必然性，也使道德变得僵化。比如，根据义务论者的说法，因为虚假承诺是不理性的，那就永远都不会是好的。我们很容易就能想到一种可能需要虚假承诺的情形。

假设在1944年，你在荷兰阿姆斯特丹，家里的阁楼里藏着一家犹太人。纳粹提枪到了你家门口,你答应带他们到犹太人藏身的地方,但为了给犹太人一家争取逃跑时间,你把纳粹带到了地下室。

这似乎是一个道德选择,甚至是英雄式的选择。然而,康德禁止这种选择。在他看来,一个虚假承诺或者任何谎言都是错的,哪怕说出真相会带来可怕的后果。义务论者不关心后果,他们认为道德是遵守规则。

十九世纪的英国哲学家约翰·斯图尔特·穆勒持相反观点。他认为,道德主体绝对需要衡量选择的后果,只有在很大可能得到好的结果时,才需要遵守规则。

道德的理想结果是什么?穆勒认为是功利性,也就是说让尽可能多的人得到尽可能多的幸福,他认为幸福是今生的快乐和没有痛苦。穆勒谨慎地把自己的观点功利主义和宗教伦理区分开来,后者认为天堂的快乐是道德在未来的回报。同样,穆勒也谨慎地把功利主义跟享乐主义区分开来,后者认为美好人生建立在感官享受的基础上,这也是加缪的观点。穆勒主张,快乐分不同等级,知识的追求比如诗歌,比感官的愉悦追求比如吸烟,更能产生持久的、真正的快乐。

年轻时，穆勒因发放节育册子被捕入狱。他和他那些思想激进朋友们相信，计划生育能缓解蔓延伦敦的贫困。之后，穆勒被选举为英国内阁成员。他一生都在关注如何切实地改善人类生活的境况。他的伦理理论可以为像他那样的社会改革家提供有用的指引。

功利主义把道德视为最大多数人所能获得的最大程度的益处。然而，请注意，我们行动的后果取决于运气以及其他我们无法控制的条件。比如，假如犹太人一家决定藏在地下室而不是阁楼，因为他们以为纳粹会去阁楼搜查。那么，你的虚假承诺的后果就是弊大于利，但指责你做出错误预测是可耻的。有人提出，我们需要一种伦理理论来认可你的勇气——尽管你既打破了规则（有违义务论），又造成了可怕的后果（有违功利主义）。

罗莎琳德·赫斯特豪斯——美德伦理学

美德伦理学把道德定义为优秀的品格。

我们在第 1 章讨论过的古代哲学家亚里士多德，他把勇气放在美德清单的首位，其他还包括自控、荣誉、魅力、慷慨、自豪、耐心、仁爱、诚实、机智、谦虚和公平。不同的作者、文化和宗教传统会列出不同的美德清单。虽然这些清单会有矛盾之处，但更多的时候是互有交集，并为伦理道德提供了可靠的基础。

亚里士多德写道："我们的重复行为造就了我们。因此，优秀不是一种行为，而是一种习惯。"他似乎是在说，我们不能脱离一个人的品行来判断他的选择。为了做一个道德的人，我们必须在整个人生过程中，练习做出正确的选择。

如果我们不遵守规则，或者不考虑后果，我们又如何知道什么构成了一个正确的选择？

根据美德伦理学，我们要以那些品格优秀的人为榜样。虽然优秀的品格不对应单一的公式或处方，但我们看见时就会知道，就像我们在处理一些问题时，一看就知道解决它需要复杂的技能。当代新西兰哲学家罗莎琳德·赫斯特豪斯认为，践行美德伦理就像在跟一个出色的厨师学做饭。

假设你想学习做一个西式蛋饼。一个包含操作指南的菜谱比什么都没有强，但是跟着大师做学徒，则比任何菜谱都要好。穿上围裙，观察他的动作。看他是如何把蛋饼翻面又没弄碎的？是什么让他突然想到加一小撮牛至？没有具体的答案能解答这些问题。厨师只是耸了耸肩，笑了笑。此外，烹饪大师不止一个，每一个大师做的蛋饼都会略有不同。你需要观察并学习。当你开始使用他们的技巧时，你可能会犯些错误，但你成功的次数会越来越多，最终会找到自己的个人风格。

赫斯特豪斯的烹饪比喻表明，美德伦理学设想道德是一种艺术而不是科学。亚里士多德的道德风格是适度的，他总是建议在两个极端的行动中间找到"中庸之道"。比如，勇气位于懦弱和鲁莽中间。但在一个特定情形中，什么构成了中庸之道，则需要具体解读。

义务论是一种理性的科学，因为它有赖于逻辑；功利主义则是一种经验科学，因为它需要预测结果。这两种理论都声称具有神命论所缺乏的客观性。而更像是艺术而非科学的美德伦理学，以一种新方式回到了主观性的阵地。

思想实验 | Thought Experiment

脱轨电车

源于二十世纪的英国哲学家菲利帕·福特。

假如你站在一个电车车站的控制塔里。从窗户往下看,你看到有五个人被绑在一个轨道上,一辆电车直直地朝他们冲过来。尽管你无法让电车停下,但你可以把电车换到另一个轨道上。就在你把手伸向操作杆时,你发现有一个人被绑在另一个轨道上了。

如果你什么都不做,五个人会死。如果你拉动操作杆,一个人会死。你会怎么选择?

根据他们自己的哲学原则,穆勒和康德给出了截然相反的答案。穆勒会拉杆,因为死去五个人相比死去一个人,是五倍的损失和痛苦。康德则不会拉杆,因为拉杆会伤害无辜,有违他的道德准则。你会怎么做?为什么?

chapter 9

我能回馈给这个世界什么?
What Do I Owe to the World?

结账台上"拿走一分钱,留下一分钱"的托盘是这颗星球上美德的象征。在这里,一些可能永远也没有交集的陌生人,交换彼此的需求和慷慨。

在你漫长的一生中,将会使用大量资源。比如,根据《华盛顿邮报》统计,美国人平均每年吃掉四十六片比萨,就等于每三百六十五天要吃十千克的面团、芝士、配料和肉。显然,这个世界给予你很多东西。你打算回馈些什么呢?

有人认为自己的工作就是服务这个世界的一种方式,比如医生和老师。循环回收公司也做了不少好事。也有人认为,经营一个健康和善良的家庭,就是回馈世界的一种方式。

但是,他们的这种责任感来自哪里?有人主张,不应该把发生在我们身上的好事视为匿名的赠予。即使这个世界或者生活在这个地球的居民把"零钱"留给我们了,这也不意味着我们一定要给予什么作为回报。

历史上的哲学家曾给出各种各样的建议——如果有的话,我们能回馈给这个世界什么?

孔子——礼

孔子生活在公元前六世纪到公元前五世纪的中国，在那时，一个人终生都受礼的影响。礼节仪式是一种严肃的仪式，包含一系列严格按顺序执行的行为，通常还会用到特殊物品。尽管仪式昂贵且耗时，但很难想出一种更好的方式来使某一个时刻变得更有意义。

就像大多数古代社会那样，中国人在出生、成年、死亡以及其他重要时刻举办仪式，并且仪式会更全面，会为祈福和祭祖举行仪式。参加这些仪式的人需要精心准备，从献祭牲畜到拔一颗牙都有。虽然如今，大众对仪式没那么多耐心了，但即使是最愤世嫉俗的人也仍然渴望有意义的时刻。

孔子接受自己文化中的传统仪式。他的创新在于强调礼最重要的部分不是显露在外面的，而是内心世界。礼节仪式能够唤起人们对生活中的人和事的美好想法。他相信，我们对善念的冥思越多，这个世界就会变得越好。对他来说，举办一场仪式就是一种冥思的方式。

礼节仪式不是一个人心血来潮要做的事情，而是一种义务。在他母亲去世后，孔子守孝三年。他非常重视礼节仪式中蕴含的敬意、思考和喜悦，以致他似乎把生活视为一种延伸的仪式。你洗衣服的方式、你在街上跟人打招呼的方式、你治理国家的方式——所有这些都应该怀着敬意、深思和喜悦，就像仪式那样。

孔子成了一名伟大的老师，他的学生来自全国各地不同的社会阶层。就像亚里士多德和赫斯特豪斯那样，孔子也推崇美德，他聚焦于五个方面：仁、义、礼、智、信。其中，礼意味着对仪式的坚守，在孔子眼里具有独特的价值，正是"礼"把这五种美德统一为一体。我们依靠礼来正心。

索伦·克尔凯郭尔——激进的信仰

尽管十九世纪的丹麦哲学家索伦·克尔凯郭尔同意孔子的观点——首先要正心，但他会反对孔子对礼的坚守。克尔凯郭尔提出，一个负责任的人生有三个阶段，最后一个阶段要求放下礼，完全献身于上帝。

克尔凯郭尔把第一个阶段称为审美时期。在这个阶段，年轻人普遍致力于追求感官愉悦。第7章讨论过的加缪的享乐主义也是如此。作为一位诗人，克尔凯郭尔总会被美丽的风景、动听的声音、美味的食物强烈吸引。然而，他坚持认为，成熟会让我们越过这个阶段。

克尔凯郭尔称第二个阶段为伦理时期。在这个阶段，成年人开始创立事业和组建家庭，成为一个传统的社会贡献者。当克尔凯郭尔准备安定下来当一个好公民时，他便受训成为一名牧师，还向一位年轻女性求婚。孔子对此会表示赞成。但是，当克尔凯郭尔意识到行为得体不过是逃避神命的一种方式时，他突然解除了婚约。

克尔凯郭尔把第三个阶段，也是最高阶段称为宗教时期。真正的宗教不只是每周去教堂，每晚祷告，虽然这在伦理时期是合适的。真正的宗教意味着成为信仰骑士，愿意为了服侍上帝，过一种不同寻常的生活，做出社会认为不恰当甚至不道德的事情。

克尔凯郭尔用《圣经·旧约》中的亚伯拉罕举例来说明何为信仰骑士。上帝让亚伯拉罕杀了自己的儿子。亚伯拉罕已经准备好服从上帝的指令，如果不是上帝派出仁慈天使在最后一刻制止他，他可能已经把儿子杀了。克尔凯郭尔用圣经的故事说明了一个全心全意爱着上帝的人是如何愿意放弃他对这个世界的责任的。

克尔凯郭尔认为,对上帝的爱是非理性的,需要"信仰之跃"以及毋庸置疑的奉献。这个主张使得他成为一位神命论者,就像我们在第8章讨论过的奥古斯丁那样。根据奥古斯丁的观点,如果上帝从无中创造了我们,那我们所拥有的一切都应归于上帝。此外,没有任何客观的方法能证明这个宗教承诺的正当性。

呼应奥古斯丁的说法,克尔凯郭尔提出一个著名的观点:"真理是主观的。"或许他的意思是每个人都必须成为他自己的正当理由。克尔凯郭尔被视为存在主义的鼻祖,因为他强调选择极端的自由——为了寻找一条真实的道路,与正常的、受人尊敬的生活保持距离也可以,哪怕其他人不大可能理解或欣赏。

安·兰德——理性利己主义

克尔凯郭尔有一种强烈的使命感。他选择了过一种哲人的生活,因批判传统道德,他变得声名狼藉。他知道在他死后,他留下的著述将继续影响着这个世界。

这正是安·兰德崇拜的那种人。她唯一反对的地方是，克尔凯郭尔恐怕是被骗了，因为他将上帝当作自己艺术天赋的借口。她认为，上帝根本不存在。我们不欠他或者这个世界任何东西，我们唯一的义务就是对自己的义务。

兰德在俄罗斯圣彼得堡长大，经历了俄国革命和苏俄内战。因为一些原因，她家陷入贫困。尽管遭遇了这些挫折，兰德还是在19岁获得了大学文凭。后来，她移民到美国，成为一名作家。

兰德鄙视那种每个人都应平等地为他人而活的利他社会。她的经历告诉她，人类是裹着生存欲望和成功欲望的动物。我们所有的理性行为都是出于自身利益，即使我们假装不是。任何无私的行为都是不理性的。另外，因为无私的行为有损于自身的生存和成功，所以也是不道德的。对兰德而言，自私不是一种我们要反对的不幸，而是一种美德。

兰德推崇资本主义，因为她将其看作推动利己主义的最佳制度。她哲学小说中的主人公和她一样，都是那种极具艺术天赋，并不惜一切代价与世界分享的人。兰德的书卖出了数百万册，创下了历史纪录。她分享自己的才华，不是因为她欠谁的,而是因为这能帮助她实现成为伟大作家的抱负。

兰德承认,其他人也能从天才的自私中获益。实际上,这就是她心中理想的资本主义社会运作方式。就本质而言,有些人会比另一些人更有才华。那些拥有更优秀才华的人自然会创造盈余的物品供他人所用,这样,每一个努力的人都能得到自己想要的幸福。

兰德的观点被称为理性利己主义(rational egoism),egoism 来源于拉丁语的 ego,意思就是"我"。这个理论受到很多批判,因为它展示了人性如此丑恶和不真实的一面。假设兰德是正确的,即人类与生俱来就有强烈的生存本能,这是否就排除了所有形式的利他主义?

彼得·辛格——有效利他主义

回忆一下第 8 章讨论过的穆勒的功利主义。穆勒认为,道德最重要的部分是我们行为的后果,我们应该尽可能地促进最大多数人最大程度的利益。所以,功利主义者是利他的,但他们也总把自己放在利益计算里面。

彼得·辛格是当今澳大利亚的一位功利主义者,他在努力解决一些重大的道德问题。思考一下这个令人震惊的事实:根据联合国的统计数据,每天有25000人包括10000名儿童死于饥饿或其他相关原因。对于这个问题,辛格并没有和我们大多数人一样只是悲伤地耸耸肩。他提出,如果每个人都把自己额外收入的一大部分捐给有效的慈善组织,我们就可以在短期内解决这个问题,他就是这样做的。

辛格很快指出,捐钱不仅能帮助真正需要帮助的人,还能帮助捐献者。利他主义是日渐被压力和焦虑拖垮的文化的解药,它给人们提供了一种有意义的获得满足感的方式。辛格说,他和其他与他在慈善项目共事的人都体验到了一种改变世界的振奋感。他提出的有效利他主义表明,友善和慷慨不需要自我牺牲。换言之,你不需要为了让别人赢而让自己输掉。你们可以双赢。

但是,辛格不只关心人类。功利主义要求幸福最大化,幸福可以用愉悦、没有痛苦来定义,也可以用偏好来定义。请注意,非人类的动物也会体验到快乐、痛苦,也有自己的偏好。因此,当我们权衡行为的后果时,应该把它们也考虑进来。尽管一个多汁汉堡能给你带来愉悦，但提供了牛肉的牛可不想在环境恶劣的工业化农场里度过一生。

辛格自己是一个素食主义者，他提出，忽视任何物种的偏好都是不道德的。他普及了"物种歧视"这个词，指的是我们社会对动物的歧视，它与"种族歧视"和"性别歧视"相似。辛格认为，动物的偏好跟人类的偏好同等重要。

辛格对偏好的关注引发了争议。比如，世界各地的医院里有成千上万的人患有严重的、不可逆转的大脑损伤。如果医生们没有偏好，没有使用资源帮助这些痛苦的人，辛格断言，那这些病人早就去世了。同样，辛格赞成对绝症病人实施安乐死来结束他的痛苦，只要本人愿意就行。

在无需自我牺牲的情况下，辛格要求我们重新思考自己的行为和假设，这样就可以解决世界上更大的道德难题。

思想实验 | Thought Experiment

不宜居的医院

源于二十世纪的英国哲学家菲利帕·福特。

假如你是一家医院的外科主刀医生,有五个病人等着器官移植。有两个病人需要一个肾,有两个病人需要一个肺,有一个病人需要一个心脏。如果今天没有得到所需器官,他们就会死掉。一个健康的年轻人来到医院,他的脚趾头摔折了。你问他是否愿意牺牲自己来拯救这五个病人,他拒绝了。你应该把他杀了拿走他的器官吗?

请注意,这是第8章的思想实验脱轨电车的升级版。你会选择操作电车换轨吗?这样就只有一个人而不是五个人死去。倘若如此,遵循同样道德规则的你就应该杀死这个健康的年轻人,以拯救急需器官移植的病人。又或者,还有其他因素要考虑进来吗?

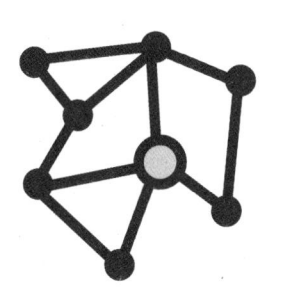

chapter 10

什么使社会公正？
What Makes a Society Just?

有时候，人们把正义视为法律。比如，当我们思考第9章的思想实验不宜居的医院时，有人可能会说："因为杀人夺器官是违法的，所以讨论这个问题没有意义。"但是哲学家对法律是什么样的不感兴趣，他们更感兴趣的是法律应该是怎样的。这是一件好事，因为有时候法律的确是不公正的。

比如，在一百七十年前，奴隶制在美国是合法的，而且帮助奴隶逃跑是违法行为。任何为逃亡奴隶提供食物或住所的人都将面临六个月监禁，并被处以约二十七万元的罚款。感谢善良勇敢的人们，尤其是像亨利·戴维·梭罗、拉尔夫·沃尔多·爱默生等超验主义哲学家，他们看到了《逃奴法案》的不公正，并选择反抗它。

允许外科医生把人杀死获取器官的法律是否不公正？那到底是什么让它不公正？这是一个哲学问题。我们需要思考法律所有可能的公正和非公正之处。更重要的是，我们要反思现有法律是否公正。有什么法律是我们今天拥护，但在未来几年会为此感到羞愧的？什么使一个社会公正？哲学家一直在研究这些问题，也提供了许多有趣的回答，供你参考。

阿布·纳斯尔·阿尔法拉比——等级制度

在第 1 章，我们遇到了柏拉图，他写下了名垂青史的哲学著作《理想国》。他在书中把公正定义为良好的秩序。如果一个人的理性部分能驾驭其非理性部分，那这个人就是公正的。同样地，如果受过教育的人能统治缺乏教养的人，那么这个社会就是公正的。

柏拉图实际上说得更具体——他断言哲学家应该为王。只有真正热爱智慧的人才能被信任承担起治理国家这么重大的责任。想要成为伟大统治者的人必须内心公正，并且要懂得如何更好地构建一个社会。

不幸的是，由于未受过教育的人不了解公正，他们无法识别真正伟大的统治者，因而选择不顺从。所以，柏拉图提出了一个至今都困扰西方文明的概念：高贵的谎言。哲学王们需要通过象征性的故事来赢得未受过教育的人的顺从。

柏拉图提出了金属神话。依照这个概念，上帝创造了人类，同时把不同的金属混合进去铸就了他们的灵魂——给哲学家用的是黄金，给士兵用的是银，给农民用的是铜，给手艺人用的是铁。这个故事的意思是社会必须有等级制度，每一个人应该在不同阶级内各得其所。

柏拉图关于正义的远见让十世纪的波斯哲学家阿布·纳斯尔·阿尔法拉比深受震撼。然而，他担心的是，金属神话的力量太弱，不足以维持社会秩序。他认为，只有成熟的宗教才有强大的力量发挥作用。这意味着哲学先知取代了柏拉图的哲学王。

在阿尔法拉比的理想社会中，宗教类似于哲学。学习了科学的哲学先知们会把真正的智慧转换成宗教隐喻。未受教育的民众将其视为真理，他们会满足于现有阶级的生活，并以维持这个阶级为人生的目的。

阿尔法拉比认为，每一个人都希望拥有卓越的智识。但是，有些人天生就比其他人更加聪明睿智。哲学家会直接追求优秀的智识，而士兵、农民和手艺人则通过为这个井然有序的阶级社会做出重要贡献来间接达到目的。

阿尔法拉比做了一个类比。大脑是身体中最杰出的器官，但是心脏、胃和肺都必须各司其职，身体才能正常运转。身体的所有部位必须一起运作才能造就人类卓越的智识。大脑是直达目的，而其他器官则通过扮演好自己的支持角色从而间接实现目标。身体常常被类比成一个正义的社会,从古代到中世纪时期一直如此。

约翰·罗尔斯——公平

不幸的是,阿尔法拉比推崇的柏拉图式公正忽略了重要的一点:权力会腐化。即使一个真正热爱智慧的人也不可能以哲学先知的身份长居其位,尤其考虑到他的口袋里装着宗教和谎言。历史已经一再证明,等级制度最终会走向暴政。我们根本没有办法回避分权制衡。

自古以来,这个世界一直朝着民主的方向稳步发展,政教分离,权力分立。当然,分权不会自动消除非公正。实际上,我们看到了许多不公正的事情,比如性别歧视、种族歧视,这些都是民主社会肌理的一部分。

二十世纪的美国哲学家约翰·罗尔斯致力于在民主社会框架下定义公正。民主允许人们持有多种多样的世界观,那我们如何团结人民去支持某个政治体制?

罗尔斯以我们在第 8 章讨论过的卢梭的社会契约论为起点来论述。想象你生活在原始社会里,不存在任何政治秩序。在那种情形下，你和你的同胞们会赞同支持一个什么样的政府？这个理论层面的协定将会使由此产生的政府合法化。

问题是，我们很难想象原始社会是什么样子的，霍布斯和卢梭在这个问题上就僵持不下。因为我们无法确定到底人类是天生自私的（霍布斯）还是天生合作的（卢梭），罗尔斯便引入了一个巧妙的思想实验来解决社会契约的原始起点问题。

假设你和你所在社会的社会成员来到谈判桌上，就成立怎样的政府进行投票。这种方式的危险之处在于，任何偶然的大多数都可能赢。比如，如果大多数是白人、男性、有钱人，那么他们就更有可能投票选举一个支持白人、男性、有钱人的政府。所以，罗尔斯建议我们都带着想象中的"无知之幕"来谈判。

在无知之幕下，你不知道自己的种族、性别、阶级、宗教、年龄、性取向或者任何其他人口统计信息。这种无知可以避免你与他人谈判时带着偏见，当然对方也带着无知之幕。你不可能投票支持某一团体，因为你不知道你是否是那个团体的成员。你会支持一个不偏向任何一方的政府,换言之,是一个公平的政府。

罗尔斯认为,带着无知之幕的人会同意两个原则:平等的权利和平等的机会。因此,他给公正下了一个非常著名的定义:公平。

罗尔斯站在两个极端的中间位置。一方面,他反对任何基于天生或神命的等级制度,就像阿尔法拉比所主张的等级制度;另一方面,他不认为我们应该推翻民主以实现平等。罗尔斯是自由派。但是,有些哲学家认为,自由主义不足以消除系统的不公正,比如种族歧视和性别歧视。那让我们来看看下面三种更激进的方式,看它们能否更好地解决这个问题。

卡尔·马克思——经济平等

十九世纪的德国哲学家卡尔·马克思关注经济不平等。看到有人过着奢靡的生活,而另一些人则在饥饿中挣扎度日只求能活过第二天时,他感到心碎。在他看来,资本主义就是罪魁祸首。

资本主义是一种政治制度,它允许企业主控制物品的买卖以获取个人收益。这背后的逻辑是，允许人们通过生产他人所需的物品获得更多金钱，以此激励人们为社会做出更大的贡献。比如，假设你发现人们不喜欢雨天被淋湿，但又觉得雨伞带起来很笨重，因此，你发明并推广一种新型雨帽。如果人们喜欢它，他们就会购买，然后你会变得富有。

资本主义的问题在于，繁荣建立在竞争基础上。通过推出比雨伞更好的商品，你就能把雨伞从市场中赶出去。同样道理，其他人可能生产出更好或更便宜的雨帽，那就能把你从市场中赶出去。所以，你必须生产出尽可能好、尽可能便宜的商品。

在资本主义制度下最简单的竞争方式，有时也是唯一的方式，就是给你的雇员低薪，让他们变穷。他们不可能要求更高的薪水，因为你可以雇用大把失业人员来取代他们。所以，你的雇员们被迫困在无聊的生产线上，拿着仅够糊口的工资，而你要承受经营压力，确保公司资金正常周转。马克思认为，尽管资本主义看上去好像是施惠富人惩罚穷人，但实际上两个阶级的人的生活都很痛苦。

马克思提出的替代方案是共产主义理想社会，在那里，合作取代了竞争。如果你有关于雨帽的创意，你可以以工匠的身份去设计并生产它。在这个制度里，你无钱可挣，你只是出于对制作雨帽的热爱，而不是对财富的渴求，把帽子分享给他人。因为你能掌控自己的创意生产，也就消除了盲目生产别人产品的无聊感，以及无休止的竞争压力。

很多人欣赏马克思合作观中的正义感，比如斯洛文尼亚当代哲学家斯拉沃热·齐泽克。他加入马克思的阵营，并提倡无产阶级革命，也就是工人阶级推翻拥有绝大多数财富和资产的资产阶级。齐泽克认为，只有把支持资本主义的自由民主制瓦解了，才能实现这场革命。

马丁·路德·金——种族平等

齐泽克追随马克思，也认同暴力是实现重大社会变化的合法手段，而其他哲学活动家如马丁·路德·金则倡导绝对的和平方式。马丁·路德·金是美国民权运动领袖，并于1964年获得诺贝尔和平奖。作为一名基督教牧师，他从《圣经》中吸取了很多和平思想，这点大家都知道。

然而，很多人并不知道，马丁·路德·金也受到存在主义哲学的影响。

回想一下第9章讨论过的存在主义哲学，克尔凯郭尔强调选择激进的自由——为了寻找一条真实的道路，与正常的、受人尊敬的生活保持距离也可以，哪怕其他人不大可能理解或欣赏。马丁·路德·金需要克尔凯郭尔的信仰骑士来抗议种族歧视。他一生进监狱的次数近三十次，有时是因为一些子虚乌有的指控，比如说他在一个时速不能超过四十千米的路段开到时速四十八千米。尽管马丁·路德·金获得了追随者的理解和赞赏，但美国白人普遍鄙视他，我们从1956年他家被扔炸弹，以及1968年他最终被刺杀身亡就可以看出来。

鉴于美国南部直至今天仍然对黑人抱有根深蒂固的偏见，很多人便相信暴力可能是推翻系统性压迫的唯一方式。然而，马丁·路德·金从几个方面表示反对。从精神层面看，因为敌人而受难是一种救赎；从现实层面看，暴力方式没有和平方式效果好；最重要的是，从哲学角度看，结果不能为手段正名。正如马丁·路德·金在1963年的演讲《我有一个梦想》中强调的那样，民权运动的最终目标是不同种族之间能够如兄弟姐妹般友爱。但暴力的前提是仇恨，而不是爱。他提倡的非暴力方式，是受到了超验主义哲学家亨利·戴维·梭罗的启发，我们在第8章讨论过他。

今天，马丁·路德·金最知名的追随者是美国当代哲学家康乃尔·韦斯特，他生于1953年。韦斯特十分支持马丁·路德·金的非暴力正义，以致他认为美国的自由民主是令人难以容忍的暴力。比如，美国总统奥巴马获得2009年诺贝尔和平奖时曾发言反对和平主义，并用美国军队有必要在中东采取行动的例子佐证。尽管韦斯特最初支持奥巴马当美国总统，但他对这一妥协感到深深的失望，于是转而寻求一种更彻底的、和平的全球正义观。

玛莎·努斯鲍姆——性别平等

和韦斯特一样，生于1947年的美国当代哲学家玛莎·努斯鲍姆也把目光投向全球正义观。我们生活在一个全球化社区里，不可能再孤立地只关注自己国家的社会。努斯鲍姆一直积极参与国际女性主义政治，致力于实现性别平等。

让我们回忆一下，在第2章，基提翁的芝诺引入了斯多葛学派的观点——宇宙是世界的灵魂，也就是说，整个宇宙是一个独立的、鲜活的主体。后来的斯多葛主义哲学家把这个形而上的说法发展为一种社会哲学，根据这种哲学，人类要对彼此负责，因为人只能活一辈子，我们之间的命运息息相关。斯多葛主义哲学家爱比克泰德（第3章出现过）写道，当有人问你来自哪里，你不应该回答家所在的城邦或者国家，你应该说："我是世界公民。"

斯多葛社会哲学是广为人知的世界主义（cosmopolitanism），这个词的前半部分cosmos指"宇宙"，后半部分polis指"城邦"。当你把世界视为你的家时，你的正义观是否会有所改变？

努斯鲍姆认为自己是新斯多葛学派，她认为我们应该关心所有的生物，包括动物和整个大自然，这超出了只关注人性的斯多葛主义的范畴。对于斯多葛主义主张漠视快乐和痛苦，努斯鲍姆的观点也略有不同。她主张，理性的情绪也是关怀的一个重要部分。比如，愤怒是对不正义的合理反应，因为它包含对邪恶的谴责，而不包含对回报的期望。世界公民应该把愤怒当作一个过渡状态，最终用勇气和尊严取而代之。

尽管努斯鲍姆主要跟自由主义政治传统打交道，但当她面对女性遭遇的不公时，她的立场会更加激进。在紧闭的大门后，通常是在私密的家里，世界各地的女性都曾遭遇类似家暴这样折磨人的事。当事情被曝光后，持自由民主主义观点的人士会站出来表示谴责，并坚决反对这种行为。但是，他们也把隐私权看作一种基本权利——人们有权按照个人意愿过自己的隐私生活，只要不打扰其他人就行。结果就是，那些有能力公开自己困境的女性会得到帮助，而那些无法诉诸公众的女性仍然无法得到正义。努斯鲍姆赞同激进女性主义法律学者和社会活动家凯瑟琳·麦金农的分析，后者认为自由主义政权是由一帮无可救药的、充满偏见的男性组成的政府，我们只有抛弃了它，才能让每一个人得到正义。

思想实验 | Thought Experiment

昏迷的小提琴家

源于二十世纪美国哲学家朱迪斯·贾维斯·汤姆逊。

假设你某天早上醒来,身旁躺着一位著名的小提琴家,一根静脉注射管将你俩连在了一起。他昏迷不醒,并且患有肾中毒。你被绑架到这里是为了救他,因为只有你的血型与他的匹配。你们必须绑定在一起九个月。经过输血,他就能恢复如初,为人们演奏美妙的音乐。如果你提前拔掉针管,他就会死掉。

问题是:这个小提琴家是否拥有生存的权力?

汤姆逊说没有。小提琴家拥有靠自己的身体生存的权力,没有靠你的身体生存的权力。汤姆逊认为,同样的原则适用于胚胎,因此她得出结论,让堕胎合法才符合正义的原则。

你会怎么对待昏迷的小提琴家?为什么?如果你可以拔掉跟小提琴家连接的针管,那女性是否能通过堕胎"切断"与胎儿的连接?两者有什么不同吗?两者是否有足够的相似性,可以相提并论?

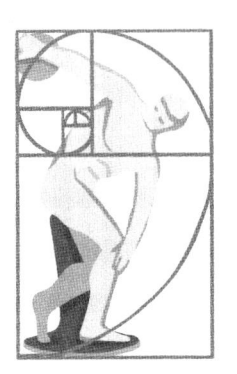

chapter 11

何为美？
What is Beauty?

哲学家们传统地认同四大价值：真理、良善、正义和美。我们已经讨论过真理（在认识论部分）、良善（在伦理部分）、正义（在政治理论部分）。在对这三部分的讨论中，有一个突出的主题是客观与主观。也就是说，这些价值是独立于人类的评判而存在呢，还是人类认识世界的方式？本书中的哲学家们在这个问题上有不同的见解，但无论哪一方的观点都非常令人信服。

谈到美，如今大多数人倾向于认同"主观说"，就像俗语说的：情人眼里出西施。但请不要那么肯定。下面这些专家给了我们足够的理由去怀疑美到底是不是像我们在这个世界上经历的其他事情那样真实。

普罗提诺——完美

我们经常听人们说美在于对称。许多实证研究声称，当一张脸或一个身体更对称时，人们就会认为它比较美。那我们是否可以假设，对称是美的客观基础。

事实证明，美是对称的这一观点并不是新观点。公元前三世纪的古埃及哲学家普罗提诺在思考后提出了反对观点，有几个原因。

想象一下你最喜欢的颜色。只要想到它，你就会觉得很美，哪怕你脑子里想的东西没有具体形状，也不对称或者怎样。同样道理，人们普遍认为珍贵的黄金是美的，根本不管它是什么样。那光线呢？星空呢？火呢？这些事物让我们心生敬畏和钦佩，尽管我们很难想象还有什么比它们更不对称了。

类似这样的例子让普罗提诺怀疑，我们认为的美来自于比对称关系更深层的某种原则。请注意，我们从未在我们生活的世界中看到过完美的对称。每一张脸、每一座寺庙、每首歌都可能接近完美的数学比例，但或多或少会有点误差。对称是指轴线两侧完全一一对应。但哪里存在完全相等？只有在柏拉图的形式世界里才有，我们在第1章提到过。

普罗提诺认为，柏拉图的想法——人类的大脑通过抽象概念来理解感觉对象——是对的。我们之所以能够理解这个灯泡和那个灯泡属于同一个类别，是因为我们理解"灯"这个抽象概念，而这恰恰是两者的共同之处。但我们如何了解光线、星空和火都是美的？肯定是因为它们都蕴含了同一种美的原则。所以，虽然形式世界提供了感觉对象背后共同的抽象概念，但在形式世界之外，肯定存在某种东西给抽象概念提供了背后共同的终极原则。普罗提诺认为，这个终极原则就是美本身。

对普罗提诺来说，美是形式世界之外的绝对存在，是所有存在至高无上的典范。我们身边的物品是美的，因为它们是绝对之美的投射。换言之，我们能从物品里看到多少美，取决于物品自身多大程度上展现了至高无上的美。我们说有些东西很"丑"，只是该物品不大能反映出绝对之美。既然美是所有类别中价值最高的，那它就应该等同于良善、正义和真理。尽管普罗提诺有时称美为"神"，但大多数时候，他称其为独一无二的存在。

千利休——不完美

普罗提诺所说的独一无二的存在是一个不变的、永恒的、绝对的存在，它赋予形式世界价值，反过来又给变化中的世界带来稳定性。美本身便是所有不同形式的共同之处，闪光是所有闪电的共同之处。这种意义的层次结构让我们能够谈论和理解这个物质世界。

然而，有些人会坚持认为等级是人为的，理解它会让人感觉虚幻。就像我们在第5章所看到的，龙树抗拒有一个稳定的世界置于物质世界之上的假想冲动。他推崇佛教的观点，既然没有一种准确的方法可以抓住我们不断变化的语言体验，那就不存在极致真理。

禅宗是佛教的一个宗派，深受道家思想的影响，我们在第4章和第7章讨论过。对语言的幻想破灭后，禅宗信徒专注于通过冥想和过一种缓慢从容的生活来探寻人生的意义。这种正念的关键就是对美的欣赏。十六世纪的日本哲学家千利休提出了禅宗美学的两个关键特点。

第一个是侘寂，意思是接受不完美。千利休是著名的茶道大师。他刚出道时，人们热衷于在满月之日，聚集在精致的茶室，享用秀色可餐的菜肴。相反，他则在黯淡、云彩遮蔽的月缺之日，在小木屋里用粗糙的陶器泡茶。他教导说，真正的美是要去掉所有不必要的、浮华的东西，专注于生命的瞬变流动。

第二个特点是金缮，意思是接受裂痕与残缺。有一天，千利休应邀到一位男士家里共进晚餐，男主人想要炫耀自己昂贵的罐子，但千利休更喜欢窗外那棵快要死去的树。男主人十分生气，把罐子摔成了碎片。他的仆人把碎片收集起来，用金色胶水黏合了起来。当千利休看到修复好的罐子时，他说："现在这个罐子是真的美啊。"修复好的罐子颂扬了禅宗的原则，即没有任何东西是永恒的，没有任何东西是完整的，也没有任何东西是完美的。

千利休说："尽管很多人喝茶，但如果你不了解茶道，茶就会把你喝掉。"或许他的意思是，专注是避免我们因过度关注现实而误入歧途的唯一方式。他建议我们尽可能地保持简单，直到空无一物，此时美会消解于无形，只剩下崇高的空。

乔治·桑塔亚那——令人愉悦的事物

虽然普罗提诺和千利休关于完美和不完美的观点大相径庭，但他们都认同美是客观的。普罗提诺认为，我们首先应思考闪电，然后思考闪的形式，最后思考所有不同形式之间共同的绝对之美。而千利休认为，我们首先要清除大脑里那些华而不实的东西，接着清除大脑里的所有非必要之物，最后达到绝对虚无之美。虽然他们的方向不同，但都提出了关于美的普适性定义。

与此相反，十九世纪的西班牙裔美国哲学家乔治·桑塔亚那提出了一种对美的主观定义。他认为，有时美也被称为审美享乐主义，因为美是快乐的源泉。不同的事物能给不同的人带来快乐，我们不应该期待美会有一种普适性的定义。然而，说美的体验是主观的，并不是否认它的特殊地位。根据桑塔亚那的观点，人类拥有一种"美感"，它区别于我们的其他快乐体验。

比如，假设你去听了贝多芬第九交响曲的音乐演奏会，并且有愉悦的体验。在回家的路上，你收听了一首电台播放的流行歌曲，也觉得很动听。然而，你可能倾向于觉得交响曲更美,而不是流行歌曲。为什么呢?

根据桑塔亚那的观点,交响乐让你感觉到一种人人都应该欣赏的美,而流行音乐则让你感觉每个人有每个人的品味。同样,拿美术馆里一幅漂亮的艺术作品和酒店房间墙上批量生产的油画进行对比,你可能会认为前者是美的。如果别人认为酒店里的油画比美术馆里的作品更有价值,或者流行音乐比交响乐更有价值,我们会觉得他们没有理解一些重要信息。

正如桑塔亚那所警告的那样,认为"人人都应该欣赏"的观点本身就很主观。尽管感觉是真实的,但它受每个人的文化背景、所受的教育和心理影响。当我们判断一个事物是美的时候,我们其实是在确认一种理想——一种我们希望所有人共享的偏好。

桑塔亚那断言,一段旋律比纯音调更动听。也就是说,他期待人们从旋律而不是纯音调中感受到更多乐趣。但我们的期待常常是错的,这导致我们在美的问题上发生激烈争论。毕竟,千利休可能更喜欢纯音调。最后,桑塔亚那说,所有事物都可能是美的,因为总有某些事物能够为某些人带来独特的愉悦感。

艾丽丝·默多克——爱的对象

二十世纪的爱尔兰裔英国哲学家艾丽丝·默多克同意桑塔亚那的观点——人类拥有一种对美的特殊感受。但是，她觉得美远远不只给人带来愉悦那么简单，它还有更重要的职责。美是对艺术和自然界中能够改变我们意识的事物的称呼。

想象一下你现在情绪很差，目光空洞地盯着窗外。然后，一个东西吸引了你的目光。是一只红隼，它的翅膀张开成弓形，尾巴张开着，神奇地飞在空中。你吸了一口气。突然间，一切都改变了。郁闷的情绪一扫而光。除了红隼，什么都没了。然后，红隼俯冲去捕食，飞走了。之后，你的烦恼似乎都不那么重要了。你觉得自己从琐碎的生活里解脱了。

默多克把这种体验称为无我。回忆一下第9章安·兰德提出的观点，人类所有的理性的行为都是自私的。默多克承认，我们的确容易沉迷于自己的生活，但她会指责兰德将这种沉迷视为一种美德。要想成为高尚的人，就需要用无私的爱来看待人性。

虽然我们在大自然和艺术中都能感受到美，但默多克认为，艺术中的美尤其有利于发挥美德。想象你自己在一个画廊里凝视着一幅漂亮的艺术品，上面画着翱翔的红隼，它看起来和真的一样，你进入了无我状态。但与此同时，它也把你和其他人——画家以及所有欣赏这幅画的人——连接起来了。在大自然中感受到美也会有同样的社交效果，但更可能是一种孤芳自赏，是难以分享的惊鸿一瞥。

我们需要美来融化冰冷禁锢的自我，不论这种美是大自然中的美，还是艺术中的美。美通过唤起一种无我的爱来融化自我主义。这种爱首先源于对美好事物的爱，然后传递给同样欣赏这种美的人，最终传递给所有人——全人类。

默多克提出，爱美是爱人类的跳板，因为两者都需要一种特殊的关注，一种对待身外之物的非情绪化的、不带占有欲的、超然的关注。爱美教导我们如何更好地爱人类，但是爱人类比爱美难多了。爱美是一种内在享受，总会给人带来如桑塔亚那所说的那种愉悦感。相反，爱人类总是伴随着痛苦。正如默多克在一本哲学小说中所写的："人类是一种痛苦的动物，面临着无穷尽的焦虑、痛苦和恐惧。"所以，当我们在爱人类的过程中感到气喘吁吁时，美常常会来到我们身边，夺人心魄，让人迷醉，这是多么幸运的事情！

思想实验 | Thought Experiment

维米尔的赝品

二十世纪的荷兰艺术家汉·凡·米格伦有一个与众不同的才能，就是能复制伟大的艺术大师约翰内斯·维米尔的作品。米格伦的模仿十分逼真，以致收藏家都把米格伦自己的作品看作维米尔失传的画作。事实上，许多专家认为米格伦的画作《以马忤斯的晚餐》(Supper at Emmaus)是维米尔最伟大的作品。最终，在米格伦被曝光之前，他从艺术界骗取了4000万美元[1]（按今天的货币算）。

当米格伦的作品第一次被当成维米尔的遗作展出时，就在主流艺术馆里受到了空前的关注。今天，这些作品作为赝品，也被保存下来了。如果一幅画是美的，跟谁画的有关系吗？如果创作初衷比较邪恶，那还能创造美吗？

---

[1] 约2.8亿人民币。

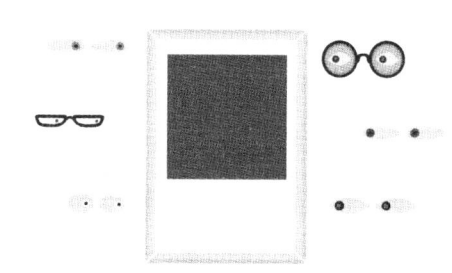

chapter 12

何为艺术?
What is Art?

当我们教孩子画画时,我们常常认为艺术是一种对真实世界的模仿。如果一个孩子没有在脸部中间位置画上鼻子,我们可能会鼓励孩子把画改一改。然而,模仿只是对艺术的一种非常狭隘的理解。在十八世纪,人们可能特别崇拜画家,因为他们能把面部画得跟照片一样精确;又或者崇拜音乐家,因为他们能把乐器演奏得跟鸟声一样动听。考虑到现代科技可以让我们极为精确地仿效真实世界,那我们今天对艺术的追求远远不只模仿也就不足为奇了。

但是,我们到底在追寻什么呢?

格奥尔格·黑格尔——理想的美

当我们想到伟大的艺术时,常常映入脑海的是美术馆里华丽的油画,比如伦勃朗·凡·莱茵创作的《亚里士多德与荷马半身像》。这幅作品画的是古希腊哲学家亚里士多德(我们在第 1 章讨论过他),他的手放在荷马的雕像上。荷马是西方文明中最伟大的文学作品《伊利亚特》和《奥德赛》的作者。

即使我们不理解画中两位史诗般人物的重要性,画作本身也会让我们为之倾倒。亚里士多德身上珠宝的光泽,他披肩上闪烁的微光,他优雅且有力量的姿势,他脸上流露的智慧,以及画中其他更多特点让这幅画看起来美极了。伦勃朗画的亚里士多德没有那么写实,比如他的服装是不符合史实的。相反,他画的是理想中的人物。

我们为什么会欣赏类似伦勃朗画的这样的艺术品呢?十九世纪的唯心主义哲学家格奥尔格·黑格尔给出了一个有趣的解释。回忆一下第 1 章唯心主义者的观点,他们认为意识比物质世界更真实。柏拉图认为,意识是另一个领域的永恒形式;黑格尔则认为,意识是组织物质的理性原则。因为理性是意识的共同点，是终极现实，而且在人类身上实现了最完美的体现。理性是我们生活的一部分。因此，黑格尔认为理性是某种世界精神。人类历史就是这种世界精神慢慢涌现，并朝着绝对自由方向前进的故事。

纵观艺术史，黑格尔指出，早期艺术中的人类是僵硬的、静止的，是古希腊艺术第一次展示了人竟然可以如此动态自主。从那以后，越来越多的画家开始描绘身体的运动感和力量感，人类的精神自由也更明显。像伦勃朗或维米尔这种古典大师的天才之处在于，他们在不牺牲理性所赋予的平静尊严的前提下，描绘了精神自由。

对黑格尔来说，一个生动的人体，比如伦勃朗笔下的亚里士多德，最能唤醒我们内心的自由。其他作品，比如一匹奔驰的骏马，甚至是一盘丰盛的水果，也能让人体会一种理性的动态自主。同样道理，其他艺术形式，比如音乐和戏剧，能够揭示我们作为世界精神中的一部分的真实本质。艺术让我们感受到美，是因为我们从中看到了理想自我。在黑格尔看来，任何无法让我们从中看到理想自我的作品都不能称为艺术。

列夫·托尔斯泰——共享的情感

黑格尔反对模仿，他认为，艺术不应该呈现真实而是要描绘理想。十九世纪的俄国哲学家列夫·托尔斯泰刚好相反，他是现实主义小说大师。在创作贴近生活的戏剧时，他的目标不仅要反映人性，还要团结我们。他被多次提名诺贝尔文学奖和诺贝尔和平奖。

托尔斯泰相信，艺术能让一个人和他人沟通自己的感受，最终消除两个不同想法之间的差别，创造出一个共同意识。艺术家通过自己的感受来"感染"他人。而感染的强度和艺术的伟大取决于三个条件：个性、清晰、真诚。

托尔斯泰的名著《安娜·卡列尼娜》充分地体现了这三个条件。小说主角是一位名叫安娜的女性，她有一段禁忌关系，因此备受折磨，以致她觉得自己应该卧轨自杀结束这一切。在写下这个故事之前，托尔斯泰听说了一位妇女在被已婚的情夫拒绝后卧轨自杀的事情，并亲眼见到这个女人被火车碾压后的尸体。这个经历让他震惊不已；他想要了解她。在小说里，他进入安娜的大脑，试图展示她的脆弱如何最终导致她的死亡。他也把自己放入故事当中，扮演一个对比鲜明的角色——极力想把自己的脆弱转变为力量的列文。

《安娜·卡列尼娜》是一部长篇小说,许多情节不尽如人意,读起来并不愉快。不过,如果托尔斯泰是对的,那么这个情绪投入就是值得的。作为一个伟大艺术品的欣赏者,或者一部伟大书籍的阅读者,你应该会被真真实实地感动,觉得自己可能也能创作出如此伟大的作品。艺术表达了你一直以来想要表达的东西,哪怕你根本没有意识到自己有这种需求。

托尔斯泰认为艺术感染力的三个条件中,真诚最重要。他鄙视上流社会的艺术,比如黑格尔崇拜的那些大师的作品,因为这些作品是为了迎合有钱有势的人的虚荣心而创作的。事实上,因为他公开反对宗教的浮华和排场,并以一种颠覆性的简化方式来诠释耶稣的信息,俄罗斯东正教教会把他驱逐出了教会。对托尔斯泰来说,艺术引发的共同情感必须在道德上是纯粹的。他认为,通过基督福音最能理解何为道德,但他也允许从其他真诚的精神角度理解。

弗里德里希·尼采——创造价值

尽管托尔斯泰是一位成功的作家,但他感觉自己的作品还没有达到自己的审美标准。虽然他努力通过笔下的角色传递自己的道德观,但角色有各自的生活方式,根本不受他控制。比如,他想要谴责安娜·卡列尼娜冲动的爱,但他又带着强烈的同情心来描绘这个人物,使她成为历史上最广为人知的小说人物之一。虽然这对托尔斯泰来说是一种失败,但弗里德里希·尼采不这么看。

尼采在古希腊悲剧中看到了艺术成就的典范。在古希腊各处,人们聚集在露天剧场观看改编自诸神神话的悲剧。不同于现代戏剧,古希腊戏剧有非常规范的结构,对白和合唱来回切换。尼采认为,对白与合唱的对比道出了健康的人生观的完美平衡。对白代表逻辑,与阿波罗有关,他是掌管秩序和理性的神;合唱代表激情,与狄俄尼索斯有关,他是代表混乱和狂喜的神。因为古希腊人都崇拜这些神,所以他们会很严肃地看待这些悲剧的象征含义:我们既需要秩序,也需要混乱,那样才能成为完整的人。

根据尼采的观点,我们在前言部分遇到的苏格拉底的目标是美化秩序，驱除混乱。苏格拉底对理性的强调导致西方文化过于重视寻求理解，而忽略了对舞蹈、歌唱以及自由自在生活的探寻。这种对理性的痴迷在黑格尔那里达到巅峰，他认为理性是某种世界精神，并将其奉为内心的神来崇拜。尼采对这种极端的理性主义持批判态度，他觉得伟大的艺术，比如理查德·瓦格纳的歌剧，或者托尔斯泰充满情感的小说，有助于我们把创造性的非理性冲动带回脑海中。

当我们反对传统道德观时，我们必须创造出新的价值观。这是艺术的真正目的，尼采把艺术看作人类活动的最高级形式。他对托尔斯泰想要推崇的基督教价值观嗤之以鼻。尼采认为基督教是一种奴隶宗教，让人卑躬屈膝，不能让人充分发挥自己的潜能。他也知道想要回到古希腊时期的宗教已经为时已晚，所以他惊世骇俗地宣告："上帝已死。"其目的是努力寻找一种新的文化理想。

尼采希望我们把自己的人生看作一部伟大的艺术作品。作为艺术家，我们应该竭力超越自然。考虑到人类是从猿进化而来，而且还在进化中，那在展望未来时，我们必须问问自己：我们会成为什么样的人？只有艺术天才可以想象到更多的可能性。尼采在他的哲学小说中提出了"超人"的概念，一个独立、无畏、热爱生活的人，一个不为自己感到羞耻的人，一个充分享受和赞美自己能力的人。

弗吉尼亚·伍尔芙——女性面临的无限困境

在这一章里，我们一直在讨论十九世纪的哲学家，那个时期刚出现艺术天才的概念。虽然有人认为天才具有与生俱来的天赋（黑格尔），也有人认为是刻苦努力造就了天才（尼采），但似乎每一个人都同意托尔斯泰的说法：天才是一种"产生普通人无法企及的能力的力量"。十九世纪哲学家阿图尔·叔本华有一句名言："有天赋的人能击中其他人不能击中的目标；天才能击中其他人看不见的目标。"

直到二十世纪，女性才开始关注男性的天才垄断现象。柏拉图对女性智慧没有任何偏见，他邀请女性到他的学园研究哲学，并将她们都描绘成他理想社会里的哲学王。但柏拉图的先进思想没有生根。亚里士多德关于女性生理上劣于男性的说法让柏拉图的主张变得黯然失色，并成为漫长的历史中，女性在哲学、科学和艺术等领域被歧视的理论源头。

女性在艺术领域产生重大影响的首先是小说创作（比如简·奥斯丁、勃朗特三姐妹和路易莎·梅·奥尔科特），但进展很缓慢。二十世纪的英国小说家弗吉尼亚·伍尔芙在一次著名的演讲中谈到假想的威廉·莎士比亚的妹妹朱迪斯·莎士比亚时，指出了这个问题。

我们可以想象朱迪斯跟她哥哥一样才华横溢，但她运气没那么好。为了逃避家人逼婚，她离家出走了。然而，一个声称会帮助她建立事业的男性让她怀孕了。她在每一个生命转折点遭受的挫折最终把她逼向自杀。

尽管伍尔芙虚构的悲剧发生在文艺复兴时期，但在根据演讲改编的《一间自己的房间》中，她提醒听众，同样的故事也可能发生在当时，发生在二十世纪二十年代。"现在我相信，这个从未写下一个字、被埋葬在十字路口的诗人还活着。她活在你我心中，也活在很多今晚未到场的女性心中——她们正忙着刷盘子，哄孩子上床睡觉。"

伍尔芙促使我们自问：在一百年后的今天，在二十一世纪二十年代，朱迪斯是否仍然活着？

伍尔芙的姐姐是个画家，身为画家的妹妹，她把画画和写作视为一个硬币的两面。个人经历让伍尔芙相信，在一个男性主导的社会里，女性发现自己的天赋并创造出杰出的作品极其困难。

约翰·杜威——有意义的体验

或许问题出在我们一开始就接受了艺术天才这样的说法。二十世纪的美国哲学家约翰·杜威努力把艺术从美术馆里和音乐厅里带到我们的家中。他认为，艺术不应该被视为珍稀昂贵的国家宝藏，而应该是日常生活的一部分。

杜威认为，每个人都应该花些时间和精力来创作艺术。艺术并非要"杰出伟大"。艺术是一种通过专注于体验来让体验变得有意义的方式。尤其是，艺术家的工作是热情回应生活的体验，并把它打磨成和谐的秩序。这种创作过程会令人心满意足，而且对人的幸福感至关重要。

杜威以威廉·华兹华斯创作的诗歌《丁登寺》为例来诠释自己的观点。丁登寺是一处位于英国乡下的漂亮的修道院废墟。当华兹华斯还是一个无忧无虑的年轻人时，他曾造访此处。五年后重游故地，华兹华斯成熟了，对这个地方也有了更深刻的感受，他写道：

> 因为我已经明白
> 怎么看自然，不要用时间
> 我不再是少不更事的青年人
> 而是常常听到
> 人生那依旧低柔忧伤的乐声

在杜威看来，华兹华斯写《丁登寺》时的心境极其重要。写这首诗帮助他了解了自己第二次访问修道院的感受。诗歌为他创造出一种和谐的解决方案。但这个和谐的解决方案自身是美的，因而能与他人分享。作为读者，我们欣赏和阅读这首诗会获得一种新的体验。多年后，我们可能会重温此刻的感觉，就像华兹华斯重访丁登寺那样。

所以，对杜威来说，艺术不是一种物品。我们称为"艺术"的东西其实是一系列相互关联的体验的试金石。一个孩子所画的缺鼻子少眼睛的画带给你的有意义的体验，可能更胜于那些经典大师带给你的。艺术是你和艺术家通过某种美的东西，共同创造的一种有意义的体验。

然而，是什么让经典作品显得尤为有意义？是因为它无与伦比的美吸引了许许多多不同年龄的人。想象一下有多少人欣赏过《亚里士多德与荷马半身像》《丁登寺》，或者《安娜·卡列尼娜》。虽然我们对类似这样作品的体验各不相同，但这个作品把这些体验凝结在一起，从而在我们之间形成宝贵的纽带。

但是，杜威提醒道，只有我们由衷地被美打动，艺术的特殊意义才会涌现。如果我们青睐一个作品只是因为它很有名或很昂贵，那艺术并不会真正发生。他还敦促我们要努力创造艺术，既要找到具有艺术感的方式来表达我们的热情反应，也要欣赏他人的艺术表达。

思想实验 | Thought Experiment

四个红色方格

源于二十世纪的美国哲学家阿瑟·丹托。

想象一下纽约现代艺术博物馆中一位艺术家的抽象画,比如彼埃·蒙德里安的作品。它就是一个红色方格,其他什么都没有。但它价值连城,并且是世界公认的伟大作品。

当然,你也可以画出一个跟彼埃·蒙德里安的作品一样的红色方格来以假乱真。但是你画的方格会被看作艺术吗?纽约现代艺术博物馆可能不会收藏它。它和蒙德里安的作品有什么不同?它需要有意义吗?

想象一下第三个红色方格,跟前面两个没有丝毫差别。它是气象部门发布的风暴预警标志,它是有意义的,但它不是艺术。它和蒙德里安的作品有何不同?它需要艺术创作意图吗?

想象一下第四个红色方格。它是一位年轻有抱负的艺术家的作品,名字叫《克尔凯郭尔的痛苦》,被陈列在一个小画廊里。虽然它有艺术意图,但它并没有成为世界公认的伟大作品。为什么?

我们如何判断艺术价值?

参考文献
References

ERNEST SOSA, JAEGWON KIM, JEREMY FANTL, eds. Epistemology: An Anthology.2nd ed. Malden,MA: Wiley-Blackwell,2008.

IRVING M COPI. Introduction to Logic,14th ed. New York: Pearson, 2014.

JAEGWON KIM, DANIEL Z KORMAN, ERNEST SOSA,eds.Metaphysics: An Anthology.2nd ed.Malden,MA: Wiley-Blackwell,2012.

LENNY BERNSTEIN. "We Eat 100 Acres of Pizza a Day in the U.S."https://www.washingtonpost.com/news/to-your-health/wp/2015/01/20/we-eat-100-acres-of-pizza-a-day-in-the-u-s/.

OLIVER LEAMAN. Eastern Philosophy: Key Readings. New York: Routledge, 2000.

PETER VAN INWAGEN, DEAN W ZIMMERMAN, eds. Metaphysics: The Big Questions. 2nd ed. Malden, MA: Wiley-Blackwell, 2008.

ROBERT AUDI. Epistemology: A Contemporary Introduction to the Theory of Knowledge, 3rd ed. New York: Routledge, 2010.

RUSS SHAFER-LANDAU, ed. Ethical Theory: An Anthology. 2nd ed. Malden, MA: Wiley-Blackwell, 2013.

STEVEN M CAHN, PETER J MARKIE. Ethics: History, Theory, and Contemporary Issues, 6th ED. New York: Oxford University Press, 2015.

索引
Index

阿布·纳斯尔·阿尔法拉比… 136
阿迪·商羯罗……………… 4
阿尔贝·加缪……………… 102
阿兰·德波顿……………… 104
艾丽丝·默多克…………… 156
爱比克泰德………………… 33
安·兰德…………………… 127
奥古斯丁…………………… 110
彼得·辛格………………… 129
柏拉图……………………… 6
大卫·休谟………………… 65
大卫·查尔默斯…………… 24
丹尼尔·丹尼特…………… 22
弗吉尼亚·伍尔芙………… 168

弗里德里希·尼采………… 166
格奥尔格·黑格尔………… 162
G.W.莱布尼茨……………… 62
基提翁的芝诺……………… 18
卡尔·波普尔……………… 78
卡尔·马克思……………… 140
孔子………………………… 124
老子………………………… 96
勒内·笛卡尔……………… 49
列夫·托尔斯泰…………… 164
龙树………………………… 60
路德维希·维特根斯坦… 67
罗莎琳德·赫斯特豪斯… 118
马丁·路德·金…………… 142

玛格丽特·卡文迪什…… 10

玛莎·努斯鲍姆……… 144

米歇尔·福柯………… 83

普罗提诺……………… 150

千利休………………… 152

乔达摩·悉达多……… 98

乔治·桑塔亚那……… 154

乔治·贝克莱………… 12

让－保罗·萨特 ……… 38

让·雅克·卢梭……… 112

塞克斯图斯·恩丕里柯… 47

苏珊·哈克…………… 69

圣希尔德加德·宾根…… 100

索伦·克尔凯郭尔…… 125

托马斯·霍布斯……… 36

托马斯·库恩………… 80

威廉·詹姆斯………… 76

西蒙娜·韦伊………… 54

西蒙娜·德·波伏娃…… 20

亚里士多德…………… 8

伊壁鸠鲁……………… 30

伊丽莎白·安斯康姆…… 32

伊曼努尔·康德……… 114

约翰·杜威…………… 170

约翰·洛克…………… 51

约翰·罗尔斯………… 138

约翰·斯图尔特·穆勒… 116

庄周…………………… 46

177

图书在版编目（CIP）数据

问世界：给少年的哲学入门书 /（美）莎伦·凯著；（西）贝亚·克雷斯波绘；马志娟译. -- 昆明：晨光出版社，2024.11
ISBN 978-7-5715-2227-8

Ⅰ.①问… Ⅱ.①莎… ②贝… ③马… Ⅲ.①哲学-少年读物 Ⅳ.① B-49

中国国家版本馆 CIP 数据核字 (2024) 第 017967 号

Copyright © 2021 by Rockridge Press, Emeryville, California
Illustration ©2021 Bea Crespo
Author photo courtesy of Sally Al-Qaraghuli
First Published in English by Rockridge Press, an imprint of Callisto Media, Inc.
Simplified Chinese translation copyright © 2024 by Beijing Yutian Hanfeng Books Co.,Ltd
ALL RIGHTS RESERVED

著作权合同登记号 图字：23-2022-009 号

WEN SHIJIE GEI SHAONIAN DE ZHEXUE RUMEN SHU
问世界：给少年的哲学入门书

[美] 莎伦·凯 ——————— 著
[西] 贝亚·克雷斯波 ——————— 绘
马志娟 ——————— 译

出 版 人	杨旭恒
选题策划	张秀敏
责任编辑	李 政
出　　版	晨光出版社
地　　址	昆明市环城西路 609 号新闻出版大楼
邮　　编	650034
发行电话	（010）88356856　88356858
印　　刷	小森印刷霸州有限公司
经　　销	各地新华书店
版　　次	2024 年 11 月第 1 版
印　　次	2024 年 11 月第 1 次印刷
开　　本	125mm×185mm　32 开
印　　张	6
Ｉ Ｓ Ｂ Ｎ	978-7-5715-2227-8
字　　数	83.5 千
定　　价	49.00 元

退换声明：若有印刷质量问题，请及时和销售部门（010-88356856）联系退换。